L'ennéagramme

Maria Beesing, o.p., Robert Nogosek, c.s.c.
Patrick O'Leary, s.j.

L'ennéagramme

Un itinéraire de la vie intérieure

Traduction française de Jean-Pierre Bagot

DESCLÉE DE BROUWER

L'édition originale de cet ouvrage est parue aux éditions Dimension Books, Inc., Denville, New Jersey, sous le titre *The enneagram, A Journey of Self Discovery*, © 1984, Maria Beesing, Robert J. Nogosek, Patrick H. O'Leary.

76 *bis*, rue des Saints-Pères, 75007 Paris
ISBN 2-220-03327-9

Introduction

L'ennéagramme[1] a une histoire longue et mystérieuse. On dit qu'il serait venu d'Afghanistan, il y a quelque deux mille ans, et qu'il remonterait peut-être au temps de l'influence chrétienne en Perse. Par la suite, au lendemain de la pénétration de l'islam en Asie centrale et dans le sous-continent indien, il se serait infiltré dans les cercles musulmans. Seuls les soufis en auraient gardé la tradition, strictement orale, en n'en retransmettant à chaque disciple que la partie le concernant personnellement. On dit qu'Oscar Ichazo aurait été le premier à réattirer sur lui l'attention du public, d'abord au Chili, puis aux États-Unis. Élevé en Bolivie, puis au Pérou, il en reçut la tradition soufique à La Paz, en Bolivie, d'un homme dont il promit de ne pas révéler le nom[2].

1. Du grec, *enneas*, neuf. L'ennéagramme ou les neuf traits du caractère (N.d.T.). J.G. BEANNET, *The enneagram*, Coombe Springs Press, England, 1974. L'introduction explique les propriétés mathématiques qui se combinent dans les symboles ennéagrammiques, par exemple la signification du zéro et de l'ensemble sans fin des décimales qui résultent de la division de 1 par 3 et 7.

2. Sam KEEN, « *A conversation about ego destruction with Oscar Ichazo* », dans *Psychology Today*, vol. VII, n° 2, juillet 1973, p. 64.

Quelques années plus tard, certains membres de l'Institut Esalen de Big Sur (Californie), remarquèrent ses cours à l'Institut de Psychologie appliquée de Santiago du Chili ; parmi eux, il y avait Claudio Naranjo, lequel retransmit alors la tradition à Bob Ochs, s.j.

Ce fut à l'Université Loyola de Chicago en 1971, lors d'un cours de Bob Ochs sur l'expérience religieuse que Pat O'Leary découvrit l'ennéagramme. Toujours sous la conduite de Ochs, et avec d'autres Pères jésuites, il participa à un second trimestre de séminaire de réflexion : il s'agissait de vérifier la valeur de l'ennéagramme à la lumière de sa propre expérience et sur fond de spiritualité ignacienne. C'est à partir de cette réflexion que O'Leary commença à l'enseigner dans des ateliers de direction spirituelle. En 1974, une dominicaine, Maria Beesing, le découvre et se joint alors à O'Leary pour en approfondir la théorie. En s'appuyant sur leur expérience de professeur, de conseiller et de directeur spirituel, ils développent alors une série de séminaires théoriques et pratiques à la maison de retraite jésuite de Cleveland (Ohio), puis en d'autres lieux.

Suite à sa participation à trois de ces séminaires, le Frère Robert Nogosek, c.s.c., envisage d'écrire ce livre. Il classe le matériel de ces ateliers de « voyage à l'intérieur de soi » en trois étapes : 1) découverte de sa compulsion ; 2) intelligence de ses causes ; 3) dépassement de cette compulsion. Aux données de l'atelier concernant les causes, il ajouta certaines réflexions tirées des vues de Tad Dunne, s.j., concernant les implications de l'ennéagramme dans la vie spirituelle, spécialement à la lumière de l'Évangile.

Cet ouvrage a pour but de proposer à ceux qui le souhaitent un véritable miroir de l'esprit leur permettant de découvrir leurs distorsions personnelles, liées à une fausse relation à soi. Identifier et admettre sa « compulsion » dominante, c'est s'ouvrir plus pleinement à la vie en acceptant de faire front à ce « péché caché ». Et de se tourner vers Dieu pour guérir.

L'ennéagramme ne saurait tenir lieu de panacée de la

sainteté ; mais son étude sérieuse, si possible à travers la participation à un travail de groupe, permettra de mieux se comprendre et de découvrir des lignes possibles de guérison, ce qui, sous la conduite de l'Esprit, suscitera une liberté personnelle accrue. L'histoire réelle de l'ennéagramme, c'est le voyage libérateur que chacun peut faire en soi-même.

I

Découvrir sa compulsion personnelle

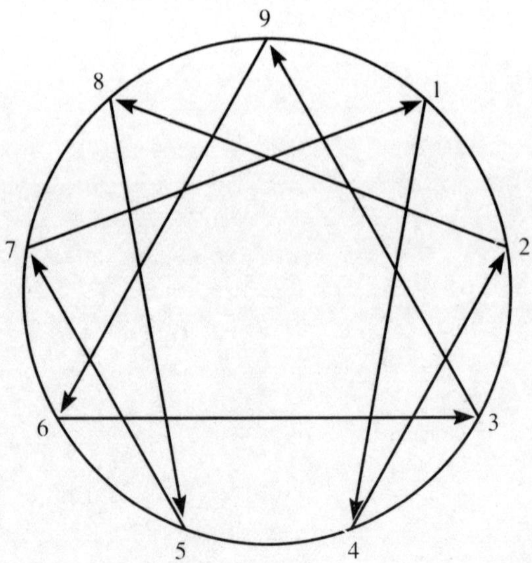

L'ennéagramme

1

Une découverte de soi dans l'ennéagramme

L'ennéagramme soufi décrit un *voyage en soi-même.* Bien sûr, il permet de mieux comprendre le type de personnalité des gens qui vous entourent, amis, connaissances, ou même de personnages du passé ; mais il vise avant tout à ouvrir à *la découverte de soi.* Le résultat en vaut la peine. Car se comprendre ainsi soi-même est une acquisition précieuse pour toute une vie. Cette véritable illumination donnera d'accéder à une liberté personnelle authentique à un niveau jusque-là inconnu.

Le mot « ennéagramme » vient du grec *enneas*, qui signifie neuf. Suivant ce système, il existe neuf types, et neuf seulement, de personnalité humaine. A côté de ses aspects positifs, chacun d'eux comporte un aspect négatif caractéristique, ce que nous appellerons une *compulsion* spécifique. Celle-ci s'enracine dans l'idée qu'on se fait de soi-même. Elle influence énormément tout le comportement.

La compulsion typique d'une personnalité donnée consiste donc en une *tendance qui l'entraîne.* Ce n'est pas une simple obsession, sorte d'idée fixe ou de préoccupation consciente. Mais c'est elle qui décide de ce que sera la force *dominante* d'un comportement donné. On ne saurait donc y résister, en particulier quand on en ignore la présence cachée. C'est une espèce de « péché originel » qui s'oppose à l'authenticité de la personne[4]. Elle empêche les gens de se comprendre eux-mêmes, de reconnaître ce qui les motive, de mesurer les contraintes de leur personnalité.

La découverte de cette compulsion propre à sa personnalité se traduit par la mise à jour d'une *stratégie défensive de base* cachée, celle que chacun développe pour s'assurer sa sécurité et donner sens à son existence. On se la masque si profondément qu'on ne la perçoit généralement plus ou qu'on n'y réfléchit plus. On ignore donc combien il serait nécessaire de la tirer au clair, si on veut vraiment progresser et s'épanouir. Seule sa remise à jour, telle que la propose l'ennéagramme, peut permettre de s'en libérer et de décider en toute conscience *de la suivre ou d'y résister*. Aussi longtemps qu'elle reste secrète, ce choix n'est qu'à peine possible. Tant qu'on n'a pas regardé en face la façon dont elle nous détermine, elle pèse constamment sur nous et affecte la totalité de notre comportement, de nos décisions, actes, relations...

Le voyage à l'intérieur de soi, tel que le propose l'ennéagramme, n'est pas chose facile. Nombreux seront les gens à le ressentir comme dangereux. Il est pénible d'avoir à dépister à la base de sa propre personnalité une propension maligne caractéristique ! C'est précisément contre cet aveu que la compulsion cherche à nous protéger. Vouloir la déceler, c'est donc d'une certaine façon « mourir » à soi-même : cela revient à analyser et à critiquer personnellement la façon dont chacun essaye de procéder dans la vie, une tendance qu'il a déjà pleinement développée dès l'âge de six ans[5]. Bien sûr, cette force négative subsistera toujours à l'état d'impulsion, même si l'ennéagramme permet de l'identifier et procure différents moyens de s'en libérer et

4. Saint Paul présente le *péché* comme une force qui rend la personne esclave (cf. Rm 7, 14-23).

5. Sam KEEN, *op. cit.*, p. 67.

de s'en guérir. Mais, « racheté », ce « péché type » n'en aura pas moins perdu sa force compulsive.

La seule disposition nécessaire, au début de ce voyage ennéagrammique au cœur de soi-même, c'est la capacité à se reconnaître *pécheur*. Car la compulsion est toujours égoïsme, ce qui est bien la définition du péché. Les neuf faces qu'elle peut présenter sont neuf types de fautes, dont aucune n'est moins coupable que l'autre. Chacun n'est qu'une forme particulière de distorsion de soi.

Il arrive souvent que, répugnant à affronter le caractère négatif de l'ennéagramme, certaines personnes tentent d'abord de se définir par la somme des talents propres à chaque type décrit. Elles se retrouvent alors dans plusieurs d'entre eux. C'est vrai ; mais ce n'est finalement qu'une façon d'éviter de s'avouer aucune compulsion réelle, aucune faute du tout. Tant qu'elles poursuivront ce jeu, elles ne tireront guère profit de l'ennéagramme. Si celui-ci doit servir à quelque chose, c'est bien à révéler à chacun le *point négatif* de sa propre personnalité. C'est la seule façon de reconnaître le chemin à prendre pour se libérer de sa compulsion.

Mais, objectera-t-on encore, si on veut vraiment introduire quelqu'un dans l'ennéagramme, il faut bien partir de son désir de se découvrir positivement. Puisque chaque type comporte toute une série de qualités, pourquoi ne pas débuter l'analyse en partant d'elles ? Répétons-le : cette façon de procéder ne fait que reculer la vraie difficulté du voyage en soi-même. Le seul véritable moyen de se familiariser avec l'ennéagramme, c'est de faire appel à toute sa sincérité et au courage de regarder la vérité en face. Seule la vérité peut rendre vraiment libre[6].

La reconnaissance de son propre type est ce qui renouvelle en chacun la capacité de *se critiquer soi-même*. Ainsi

6. Selon la pensée chrétienne, on ne se libère du péché qu'en se reconnaissant pécheur. C'est là une nécessité pour pouvoir regretter, et demander pardon et être sauvé (cf. Jn 1, 8-10).

découvrira-t-on qu'il y a toujours en soi quelque chose dont on doit se repentir, une faute à avouer, une résolution à prendre. Cette reconnaissance de son mal constitue un pas essentiel vers cette liberté renouvelée que promet l'ennéagramme, vers la libération de la contrainte par laquelle nous nous abandonnons secrètement à l'aspect ténébreux de notre être.

La découverte du type qui est le nôtre nous conduira aussi à reconnaître au plus profond de nous un *manque de foi*. Sous-jacente à chaque compulsion, il y a toujours une manière de défendre un moi enfermé dans son égoïsme, donc bloqué dans sa relation aux autres. Cette stratégie de protection est une façon de se « sauver tout seul ». La personnalité choisit de garantir sa sécurité et sa réussite par ses propres efforts. C'est évidemment une *faute*. La découverte de sa compulsion conduit au contraire à renoncer à ses stratagèmes et à ses propres ressources pour s'assurer du succès ; elle montre où est vraiment le *salut*.

Fondée sur une stratégie de défense et de protection de soi, la compulsion est fondamentalement une façon *d'éviter* quelque chose. C'est bien de là qu'elle tire son *pouvoir* sur nous. Elle nous masque le véritable problème. Bien plus, de ce qui pose ainsi problème, on se fait généralement un *titre de fierté*. Bien sûr, on n'est généralement pas très fier de ce qu'on appelle « ses péchés ». C'est pourtant bien ce qui se produit ici : chacun en arrive à se persuader que sa propre compulsion le rend supérieur aux autres, à ceux qui n'ont pas la même !

C'est dire que le départ pour ce voyage à l'intérieur de soi, tel que le propose l'ennéagramme, constitue une *démarche* capitale, de par ses immenses conséquences sur la vision qu'on se fait de soi, de Dieu et des autres. Il ouvre à notre conscience des horizons entièrement neufs sur ce qui se passe au cœur de notre personnalité, et nous rend capables d'y intervenir en la réformant.

La fuite caractéristique de chaque type de personnalité

L'analyse de l'ennéagramme commence par l'étude du système de fuite propre à chaque type particulier. Nous avons numéroté ces types de 1 à 9 en les présentant sur un cercle comme des pôles reliés les uns aux autres. Nous aurions pu leur donner un nom, et nous le ferons parfois par la suite. Mais, le plus simple au départ, c'est de les identifier par leurs numéros, « UN », « DEUX », etc. Cela permet de laisser la porte ouverte à tout ce que l'expérience permettra de découvrir en chacun d'eux. La *figure 1* illustre le système de fuite de chaque personnalité sur l'ennéagramme.

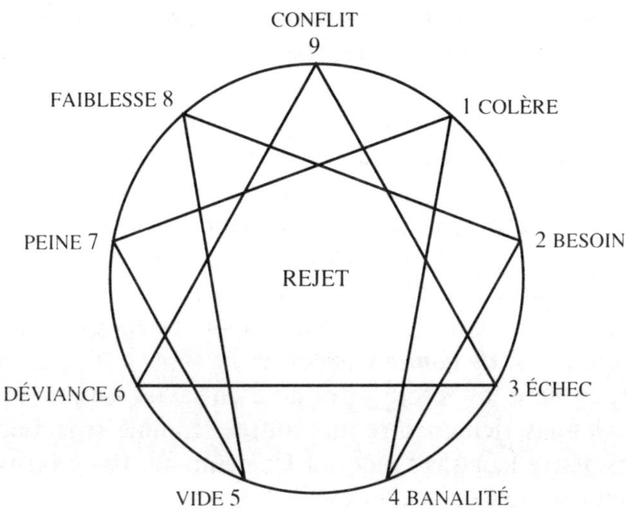

Figure 1

Les UN évitent la *colère*. Certes, il y a bien des choses pour les mécontenter ou les irriter. Mais l'important, pour eux, c'est de ne jamais le montrer, de ne jamais se fâcher. Ils font tout leur possible pour être *parfaits* et pour tout faire au mieux. Ils sont prêts à tous les efforts pour remplir leur tâche, même humble ou scrupuleuse. Ils détestent tout ce qui est mal fait, que ce soit de leur fait ou de celui d'un autre.

Les DEUX évitent de reconnaître qu'ils ont des *besoins*. Ils sont tout prêts à voir ceux des autres, et ils s'acharnent même à les découvrir. Ils se font gloire de leur *venir en aide*, en particulier à tel ou tel. Mais, en ce qui les concerne, impossible de s'admettre en manque de la moindre chose : ils n'ont jamais besoin de rien, et moins que tout de l'aide des autres. L'important pour eux, ce serait de reconnaître leurs propres besoins.

Les TROIS fuient l'*échec*. Il y a en eux quelque chose qui les pousse à chercher toujours et partout le succès. Confondant personnalité et réussite, ils se refusent à jamais rien rater, même si le prix à payer est élevé, pour eux ou pour les autres.

Les QUATRE fuient la *banalité*. Pour eux, l'important, c'est de *se distinguer des autres*. Ils se croient plus raffinés et plus sensibles que les gens ordinaires. Ils sont convaincus que les autres ne les comprennent pas, étant donné le caractère *unique* de leurs sentiments, de leurs soucis et, surtout, du caractère tragique de leur passé.

Les CINQ refusent le *vide*. Ils ne s'intéressent qu'à accroître leur *stock de connaissances*, et ils font tout pour cela. Ils ressentent un besoin profond d'en savoir toujours plus sans jamais rien en dire aux autres, comme si le fait de transmettre leur savoir devait les démunir. Ils se refusent à tout engagement social, car ils n'y voient qu'une perte de temps sans profit pour leur épanouissement intellectuel.

Les SIX refusent tout ce qui est *déviation*. Ils ne considèrent la vie qu'à travers les lois, les règles et les normes qui l'encadrent. Ils fuient les responsabilités, mais font pour faire leur devoir, n'admettant aucune négligence : ce qui compte, c'est l'ordre et l'autorité qui le garantit. Pour eux, c'est une question de *loyauté* envers le groupe où les groupes auxquels ils appartiennent.

Les SEPT fuient la *souffrance*. Optimistes, ils aiment le *plaisir* et ne voient jamais rien de pénible dans la vie. Mais ils ne voient pas non plus la souffrance ni le malheur de ceux qui les entourent. Ils ont souvent du mal à mener à bien leurs projets parce que cela leur demanderait trop d'effort et de difficultés.

Les HUIT se refusent à la *faiblesse*. Leur titre de fierté, c'est d'être *forts*. Pour eux, la vie est une lutte pour la justice. Puisque le monde n'est pas ce qu'il devrait être, ils pensent ne pouvoir sauver leur dignité qu'en étant prêts à affronter tout ce qui va mal et en démasquant partout injustices et faux-semblants. Ils aiment « s'expliquer » avec les autres. Ils font très attention à ce qu'on ne prenne jamais l'avantage sur eux, prenant un soin extrême à ne jamais laisser les autres percevoir en eux la moindre faille.

Les NEUF évitent le *conflit*. Ils se sentent mal à l'aise devant la moindre tension ou la moindre rupture d'harmonie entre les êtres. Pour eux, rien n'est plus important que la *paix* et la mesure. Ils ne cessent de se soucier, non seulement de leur propre tranquillité intérieure, encore relativement facile à obtenir, mais aussi de la concorde dans leur entourage. Pour bouger, se mettre à l'ouvrage, ils ont besoin de la stimulation des autres.

Description de chaque type de personnalité

Au terme de cette première approche, il faut préciser les choses. Nous analyserons les différents types de personnalité, en en voyant d'abord l'aspect négatif, puis le positif. En conclusion, nous proposerons une liste de réactions typiques, une sorte d'examen de conscience. C'est une adaptation du travail de J. Wagner : « Enneagram Personnality Inventory[7] ». Cela doit permettre d'aller droit à son

7. « *A descriptive, reliability, and validity study of the Enneagram personality typology* » (thèse de doctorat présentée par Jerome P. Wagner, Loyola University of Chicago, 1981).

propre type, celui qu'on aura peut-être déjà entrevu à la simple lecture des neuf types de caractères qu'on vient d'évoquer. Si le lecteur a déjà été capable d'en opérer une pré-sélection de deux ou trois, ce qui suit lui permettra donc de préciser exactement quel est le sien. Ce n'est qu'après avoir analysé son propre ennéagramme qu'il pourra approfondir ce qui est dit des autres. Ayant ainsi préalablement reconnu son propre « péché type », il pourra reconnaître et à admettre ceux des autres, leurs compulsions. Ainsi les découvertes rendues possibles par l'ennéagramme favoriseront-elles, non pas l'accentuation de ses propres compulsions, avec pour conséquence une hostilité ou une haine accrue des autres, mais le renforcement de l'union, puisque chacun aura pu mieux comprendre comment nous sommes tous « pécheurs ». On comprend toujours mieux ce qu'est la compulsion quand on en a soi-même fait l'expérience de l'intérieur. Il ne sert à rien de *deviner* les motifs et les tendances des autres si on ne les connaît pas, telles qu'elles sont effectivement vécues.

1

Les UN évitent la colère parce qu'ils sont perfectionnistes. Ils ne peuvent se permettre cette « imperfection » qui consiste à être furieux. Ils ont des colères, évidemment, mais ils les répriment au point de ne plus en avoir conscience ou de ne plus les ressentir. On perçoit bien un ton d'irritation dans leur voix, une certaine raideur de leur comportement. Ce n'est qu'à leurs amis intimes qu'ils expriment le ressentiment qu'ils éprouvent devant les fautes des autres, leur vexation devant les blessures qu'on leur inflige.

Aspirant ainsi à être parfaits, les UN sont toujours à se tracasser de ce que les choses ne sont pas ce qu'elles devraient être. Dans leur souci, ils ne s'en efforcent que plus de tout faire eux-mêmes à la perfection. Ils passent un temps fou à se répéter ce qu'il faut faire, quoi que ce soit : ménagères parfaites, comptables méticuleux, professeurs qui reprennent la leçon à zéro si on n'a pas tout compris du premier coup. Ces UN sont toujours prêts à passer du temps supplémentaire sur leur tâche, tant ils tiennent à la mener parfaitement à bien : puisque la perfection est possible, il faut tout faire pour y arriver.

L'importance qu'ils accordent à celle-ci les conduit souvent à se sentir déçus et insatisfaits, tant d'eux-mêmes que de leur entourage. Ils en arrivent à méconnaître totalement les limites du temps, mais aussi de la nature humaine : elles sont inadmissibles. Pas question de consentir à la moindre faille. Ils ne peuvent se penser eux-mêmes qu'en train de faire des efforts, et ils attendent la même chose des autres. Dans leur désir de tout corriger, de tout remettre en ordre, ils ne peuvent supporter de voir que les autres n'en font pas autant qu'eux.

Pourquoi donc ce besoin d'un monde parfait ? C'est qu'eux-mêmes n'arrivent à se considérer comme acceptables qu'à la condition d'être ainsi exemplaires. Ils ont tout simplement grandi avec cette idée qu'*on ne peut les admettre s'ils ne sont pas irréprochables.* Petits, ils ont toujours dû être « le bon garçon », « la bonne fille ». Intérieurement, ils sont équipés d'un véritable appareillage destiné à éviter la moindre faute, comme une table de contrôle bardée d'écrans de télévision et de microphones. De ce fait, ils finissent par réagir à des critiques qui ne semblent venir de nulle part. Ils s'interrompent même au milieu d'une phrase pour répondre à une objection que personne ne leur a faite. Ils ont tendance à revenir en détail sur le passé, à se rappeler la journée qui s'achève, en en scrutant chaque instant. Ils aiment repasser tout ce qui s'est produit, et, s'ils tiennent un journal, ils le minutent, notant l'instant de leur réveil, celui de l'arrivée d'un visiteur ; ce qui concorde parfaitement avec leur désir constant de vérifier s'ils ont fait bien ou mal. Mais ils font la même chose avec les autres. Ce perpétuel retour sur le passé, cette anxiété d'oublier la moindre des choses finissent par les rendre horriblement tatillons. Ils impatientent tout le monde en ressassant de vieux arguments, reviennent éternellement sur leurs doutes, sur les mêmes objections. Ils relancent des discussions usées, sans jamais pouvoir décider qui a eu tort et qui a eu raison. Cela peut ne plus avoir aucun rapport avec le présent ! Peu importe. Perpétuels insatisfaits, ils sont toujours tendus. Perpétuels frustrés, ils ont continuellement un ton de voix irrité. Ils ruminent leurs fautes passées, ne faisant rien d'autre que d'augmenter leur réserve de vieilles histoires à se reprocher ou à reprocher aux autres.

Du refoulement de leur colère, les UN sont évidemment parfaitement inconscients, alors même qu'ils ressentent avec exaspération tout ce qu'ils voient ne pas aller bien. De façon fort caractéristique, alors qu'ils considèrent continuellement les défauts et les insuffisances de leurs voisins comme vraiment inacceptables, ils ne le leur disent jamais. On pourrait attendre d'eux qu'ils s'efforcent de corriger les autres. Mais non ! Ce qui les rend finalement totalement inadaptés à leur entourage. Ainsi, sans jamais l'exprimer, sont-ils parfaitement *intolérants*. Ils sont continuellement à cogiter sur leur propre amélioration ou sur celle des autres, mais ils n'en sont que plus insatisfaits.

S'attachent donc obstinément à ce que tout se passe comme il se doit, ils tendent à ne supporter qu'avec impatience les façons de faire traditionnelles, éprouvée par le temps. Ils pensent que les choses sont beaucoup plus simples, plus directes, et ils cherchent à convaincre tout le monde de faire comme eux. Ils attribuent une énorme importance à tout ce qui est méthode, ce qui peut évidemment les rendre aveugles à certaines valeurs plus essentielles. Les arbres leur cachent la forêt. Noyés dans les détails, ils finissent par ne plus savoir par où commencer.

Cette méticulosité touchant des riens les rend très lents dans leurs décisions. Ils se refusent à en prendre tant qu'on n'aura pas tout étudié par le menu. Celui qui souhaite travailler avec eux doit bien se garder de leur faire valoir l'urgence de trancher : ils lui refuseront probablement toute collaboration. Ils ont perpétuellement l'impression qu'on ne prend pas assez de temps pour soupeser le bien ou le mal de ce qu'on va faire. Leaders de groupe, ils sont incapables de commencer tant que tout le monde n'est pas là : pour eux, un groupe ne saurait fonctionner s'il n'est au complet.

Les UN passent leur temps à s'excuser. Ils sont continuellement à répéter : « Je ne suis pas expert en la matière. » « Je n'ai pas pu faire cela comme je l'aurais dû. » Il n'y avait pas suffisamment de temps pour finir. » Ils ne font ainsi que traduire leur insatisfaction d'eux-mêmes. Ils ne pourront jamais arriver à croire qu'en réalité il y avait plus de temps qu'il n'en fallait. Ils ne peuvent tolérer la moindre négligence. Ils vont redisant : « Chaque chose à sa place, et une place pour chaque chose. » Psychologiquement, ils restent en pleine forme aussi longtemps qu'ils peuvent continuer à tout faire conformément à leurs propres critères. Mais dès que surgit un problème réel, ils se sentent submergés par la tâche. Selon toute probabilité, dès qu'ils perçoivent n'avoir ni le temps ni la force nécessaires pour aboutir, ils se découragent et se laissent aller à la mauvaise humeur, ou même à la dépression. Ils en arrivent finalement à ne plus rien faire du tout, sinon à se plaindre d'un air sombre que les autres les écrasent.

A côté de cette compulsion, ils sont bourrés de qualités précieuses. On admire leurs efforts pour tout faire à la perfection. Enfants, ils ont probablement montré beaucoup d'application à leurs devoirs, au détriment de leur plaisir. Ils sont prêts à tout sacrifier à leur tâche. Ils passeront des heures à tout bien préparer et veillent avec un soin extrême à l'ordre et à la propreté.

Ils peuvent être d'excellents compagnons, car ils sont souvent gais et amusants. Ils s'expriment avec animation, et ils font preuve d'une simplicité charmante dans leur façon de raisonner et d'avoir raison. Quand ils parlent, ils retiennent souvent l'attention. Leur insistance à prendre au sérieux le moindre détail, ne fût-ce que le moment exact où quelque chose se produit, donne de l'intérêt à ce qu'ils racontent. Ils sont très en prise sur la vie quotidienne. Réfléchissant sans cesse à ce qu'il faudrait améliorer, ils réussissent souvent à persuader les autres de faire des efforts pour mieux faire. Leur souci d'ordre et de propreté contribue certainement à rendre les lieux où ils vivent plus agréables et plus plaisants.

On les apprécie spécialement pour leur *honnêteté* et leur *franchise*. Ils insistent toujours sur la justice. Quand tous sont prêts à ramper devant les puissants et les riches, eux ne se laissent jamais prendre par ceux qui se prétendent supérieurs, et ils sont prêts à traiter tout le monde en parfaite égalité. Attendant de tous qu'ils soient authentiques, ils aident leurs amis à le devenir.

On peut penser que les UN se retrouveront dans la plupart de ces assertions[8] :

1. Je fais tout ce que je peux pour corriger mes fautes.

2. Je suis souvent fâché parce que les choses ne vont pas comme elles le devraient.

3. Je déteste perdre mon temps.

4. Je me blâme souvent de ne pas faire mieux les choses.

5. Il m'arrive souvent de considérer qu'une chose est perdue à cause d'une imperfection minime.

6. J'ai du mal à me détendre et à folâtrer.

7. Dans la tête, je m'entends souvent, ou j'entends souvent les autres me faire des reproches.

8. Je parais me faire plus de tracas que les autres.

9. Je me sens presque forcé d'être honnête.

10. Je me découvre souvent des traits de rigorisme.

11. Pour moi, il est important d'avoir raison.

12. J'ai fréquemment le sentiment que le temps file et qu'il y a encore beaucoup à faire.

13. Je sens le besoin de rendre compte de tout mon temps.

14. J'ai facilement tendance à devenir scrupuleux, ou je le suis.

8. J.P. Wagner, *op. cit.*

15. J'aurais plutôt envie de m'identifier aux croisés luttant contre le mal.

16. Si quelque chose n'est pas juste, je m'en tracasse vraiment.

17. Je me sens presque forcé de tout faire pour devenir meilleur et pour mieux remplir mon devoir.

18. Je sens que je dois être parfait si je veux que les autres m'aiment et m'approuvent.

19. Je me sens fréquemment déçu parce que ni moi ni les choses ne vont comme il faut.

20. Je pense que je vois toujours les choses en termes de bien ou de mal, de juste ou d'injuste.

2

Les DEUX évitent de reconnaître leurs propres besoins ; au lieu de quoi ils ne cessent de chercher à satisfaire ceux des autres. Derrière cette mentalité d'*aide*, ils cachent un profond désir d'obtenir quelque chose en retour. Ce qu'ils en attendent, probablement sans bien le réaliser consciemment, c'est un amour et une appréciation qu'ils ne trouvent qu'en rendant les autres *dépendants* d'eux. Ce sont vraiment des personnes profondément « en manque ». Leur raison d'aider les autres, c'est finalement d'attirer leur attention : c'est leur tactique pour gagner leur *affection*. Mais ils y sont aveugles, car la reconnaissance de leurs motifs réels de leur esprit de service leur ferait mal.

Les DEUX ont donc « besoin qu'on ait besoin d'eux ». Ils ne font plus attention qu'à une chose : comment répondre aux appels des autres, en particulier de ceux qui ont de l'importance à leurs yeux. Ils sont de ceux qui, jouant en double sur un court de tennis, sont toujours à courir après les balles. C'est en se faisant ainsi les serviteurs de tous qu'ils entrent en relation avec eux. Ils se préoccupent constamment de ce qui leur fera le plus plaisir, s'inquiétant de ce qu'ils aiment manger, ou, quand ils vont les voir, des vêtements à porter pour leur plaire. Mais si les autres ne remarquent pas le résultat de leurs efforts, les DEUX en sont profondément blessés, à la surprise de leurs amis mêmes. Ceux-ci leur reprochent alors de « se faire une montagne d'une taupinière ». Eux ne manifestent pas immédiatement leur colère, mais ils ressentent profondément le déplaisir de ce « dédain », et ils éclatent parfois, se plaignant, les larmes aux yeux, qu'on n'apprécie pas ce qu'ils ont fait. Il leur arrive même de prendre leur revanche en dénigrant ces amis auprès d'autres.

Ils ne voient dans le temps que ce qui leur permet des relations personnelles. Dans les réunions, ils se soucient avant tout de se rendre présents aux autres, peut-être en attirant leur attention, par exemple en servant le café. Ils mesurent la valeur de la rencontre à la façon dont elle leur a permis d'entrer en relation avec leurs voisins plutôt qu'à l'avance du travail.

Se prêtant constamment un rôle d'aide, ils choisissent généralement des professions leur permettant de répondre à leur désir. Mais, dans leur travail, ils risquent de trop chercher la relation personnelle à ceux qu'ils assistent. Ils y trouvent toutes sortes de façons de rendre les autres dépendants d'eux, de façon à prolonger la relation intime. Ils tirent un sentiment de fierté de la façon dont ils se sacrifient. Quand ils jouent un rôle de conseiller, ce qui compte avant tout, c'est le plaisir que leur client trouve à les rencontrer, et ils tendent à se préoccuper que des besoins auxquels ils peuvent remédier en faisant preuve d'amitié.

Leur compulsion à avoir besoin qu'on ait besoin d'eux les met terriblement en porte-à-faux quand les autres peuvent se passer d'eux, ou se montrent le moindrement réticents à se laisser aider. Car, en dépit de leurs besoins, certaines personnes font preuve de résistance devant la situation de dépendance qu'on cherche à imposer ; et, pour peu qu'elles réussissent vraiment à leur échapper, les DEUX en concluent que, *puisqu'il n'y a rien à faire pour elles, c'est qu'il n'y a rien à faire du tout.*

Il est facile d'admirer les qualités positives. Ils sont

dévoués, sensibles, accueillants, attentifs à ce qui est bon pour les autres, toujours prêts à donner le meilleur d'eux-mêmes, chaleureux, pleins de tact. Ils désirent toucher les autres, les prendre par la main, les mettre à l'aise, les rendre heureux. Au lieu de s'enfermer dans leur petit monde, ils remarquent tout ce qui intéresse les gens qu'ils rencontrent, et cherchent à leur donner le sentiment qu'on les aime et qu'ils sont importants.

Leurs conversations portent beaucoup sur les besoins des autres. Ils sont prêts à courir partout où on aura besoin d'eux, que ce soit en famille ou ailleurs. Rien d'étonnant à ce qu'on dise souvent d'eux que ce sont des « vrais saints ».

Ils sont naturellement non violents. Ils peuvent même vivre dans une *innocence* heureuse par rapport au monde. Au lieu de condamner les fautes des gens, qu'elles soient morales ou autres, ils essayent de les soutenir dans les difficultés qui en résultent. Pour eux, l'important, ce n'est pas de juger ni de condamner, mais d'aider.

Ils se reconnaîtront probablement dans la plupart des assertions suivantes[9] :

1. Il y a beaucoup de gens qui dépendent de moi et de ma générosité.

2. Je suis plus fier des services que je rends que de n'importe quoi d'autre.

3. J'ai besoin de penser que je suis important pour la vie des autres. J'aime que les gens aient besoin de moi.

4. Il y a beaucoup de gens qui se sentent proches de moi.

5. Je fais régulièrement des compliments aux autres.

6. J'aime venir au secours des gens quand je les vois en difficulté ou dans des situations embarrassantes.

7. J'éprouve une compulsion à aider les autres, que j'en aie envie ou non.

8. Beaucoup de gens viennent me voir pour me demander des conseils ou du réconfort.

9. J.P. Wagner, *op. cit.*

9. Je me sens souvent accablé par la façon dont les autres dépendent de moi.

10. Je n'ai pas l'impression d'avoir besoin de grand-chose.

11. J'ai souvent le sentiment que les autres n'apprécient pas vraiment ce que j'ai fait pour eux.

12. J'aime me sentir « proche » des gens.

13. J'ai parfois le sentiment que je suis la victime des autres, comme s'ils m'exploitaient.

14. Le plus important dans ma vie, c'est d'aimer et d'être aimé.

15. Je considère que les problèmes sentimentaux sont importants.

16. Je pense que je mérite la première place dans la vie d'un autre, étant donné tout ce que j'ai fait pour lui.

17. Je me pense moi-même comme une espèce d'éducateur.

18. Quand j'ai du temps libre, je le passe souvent à aider les autres.

19. Dans mes relations avec mes amis, c'est presque toujours moi qui prend l'initiative de la communication.

20. J'aime prendre soin des autres.

3

La tendance des TROIS est d'éviter les échecs. Ils ont grandi avec le sentiment que leur valeur réside dans leurs prouesses. Ainsi tendent-ils à confondre leur identité, en tant que personne, avec leur rôle. Ils peuvent changer de fonctions, mais ils n'estiment leur existence qu'en raison de leur succès immédiat. Étant donné la façon dont ils se considèrent, ils ne peuvent supporter l'échec. Ils mettent toute leur énergie à mener à bien leur tâche et à répondre à leur vocation, encore qu'ils n'entreprennent généralement rien où ils ne se sentent quelque chance de réussir, donc rien de ce qui pourrait comporter des risques.

Pour eux, la réussite consiste à être *efficace*. Ils ont le souci de tout faire le mieux possible. Ils pensent que le résultat dépend d'une bonne organisation et d'un bon planning. Ils insistent pour coucher par écrit leurs buts, leurs objectifs, et ils sont très tatillons dans l'évaluation de leurs performances. Étant donné l'importance de succès de leurs entreprises, ils ne se contentent pas d'y sacrifier leur vie, mais ils attendent des autres des sacrifices similaires. De leurs employés, ils exigent un travail parfait, et ils ont énormément de mal à comprendre comment certaines personnes peuvent être aussi inefficaces et perdre tellement de temps. Ils supportent très mal l'incompétence.

Ils sont extrêmement soucieux de l'image qu'ils donnent en public. Quand ils sont dans le commerce, ils croient totalement aux produits qu'ils vendent. Dans leur sincérité du moment, ils peuvent même ne plus s'apercevoir qu'au fond d'eux-mêmes ils n'y croient pas tellement. Leur passion les conduit tout simplement à projeter sur les objets l'image qui permettra de la vendre. C'est presque inconsciemment que, en public, ils *figurent* des sentiments qui leur semblent les plus propres à faire vendre. Ils finissent par sacrifier leurs réactions intimes à l'image qu'ils désirent produire. Pris par leur rôle et par leurs objectifs, ils en négligent leur vie privée. Ils peuvent ressentir vivement certaines choses, mais ils se disent qu'ils y reviendront plus tard, quand ils auront le temps pour cela : il ne s'agit pas de laisser ses sentiments prendre le pas sur les objectifs à atteindre ! Ainsi portent-ils sans cesse un masque. Ce sont typiquement des « personnages » en figuration, et ils ne laissent jamais les autres pénétrer leurs réactions intimes. Ils ne s'en aperçoivent même plus, tant ils se sont identifiés à leur rôle.

Ils choisissent fréquemment une profession leur permettant de mener eux-mêmes leurs affaires : commerçants, chefs de service, médecins. Leur vraie vie, c'est leur métier. Ils s'identifient à tel point à leurs entreprises qu'ils méconnaissent la part que d'autres peuvent avoir dans le succès de celles-ci. Ils finissent par manipuler les gens, ne voyant plus en eux que des instruments subordonnés au travail à faire, simples pavés sur la route de leur réussite. Ils peuvent sembler très froids quand on leur parle de leurs succès, mais ils n'ont de cesse de les accumuler, comme s'il n'y en avait jamais assez.

Ils font généralement montre de grande activité. S'ils n'ont plus aucun but précis dans la tête et ne savent plus que faire, ils continuent à s'agiter, feuilletant un papier marchant de long en large. Leur activisme est tel qu'il deviendrait pour eux malsain de ne plus rien faire, quelles qu'en soient les raisons.

On admire énormément leurs vertus, dont on tire si grand profit. On apprécie leur don d'organisateur. Leur façon de définir clairement les buts, de répartir les tâches, de fixer des critères de réussite, est un puissant facteur de cohésion et d'esprit de groupe. Ils ne négligent aucun détail, ne cessent de rappeler à tous l'objectif poursuivi et les perspectives d'avenir. Leur volonté d'aboutir est contagieuse et suscite un surcroît d'énergie autour d'eux.

Ce sont de bons équipiers. Leur vivacité inspire les gens, et ils créent autour d'eux une intense satisfaction de travailler pour quelque chose de vraiment valable. Leur *enthousiasme* fait merveille. Ils ne cessent d'aiguillonner les autres à faire plus attention à leur apparence extérieure, à coopérer avec plus de souplesse. Profondément motivés, ils les tiennent en haleine, toujours prêts à redoubler d'efforts.

Ce sont ordinairement de grands *causeurs*. Ils ne semblent jamais à court de mots. Leur présence est synonyme d'animation, de plaisir. Ils savent donner une allure grandiose à leurs propos. Comme ils cherchent à attirer l'attention, ils prennent une allure plaisante, y compris dans leur façon de s'habiller.

La collaboration avec eux peut conduire quelqu'un à donner le meilleur de lui-même. Ils n'ont rien de surveillants tatillons. Pourvu que le travail soit fait, ils ne font pas d'histoire sur le manque de ponctualité, et sur le besoin de tel ou tel de rentrer de bonne heure chez lui. A voir la façon dont ils se consacrent entièrement au succès, on a envie de se joindre à eux, sûr que leur équipe est gagnante.

Ce sont également d'excellents conseillers et directeurs spirituels. Ils sont très objectifs, donc capables d'aider les autres à construire leur vie en fonction de buts valables. Ils provoquent les autres à découvrir des raisons de vivre et à agir conformément à leurs espérances et à leurs convictions.

Ils se retrouveront probablement dans les assertions suivantes[10] :

1. J'aime tenir bon.

2. J'aime travailler en équipe et je suis un bon collaborateur.

3. Je me fais fort d'être précis et compétent.

4. Il me semble tout naturel d'organiser et de mener à bien la tâche.

5. « Succès » est un mot qui me plaît beaucoup.

6. J'aime me donner des buts précis et savoir où j'en suis dans leur poursuite.

7. J'aime les statistiques de progrès, et tout ce qui me dit où j'en suis.

8. Les gens apprécient ma capacité de réalisation.

9. L'image de mon succès est très importante pour moi.

10. Je n'ai aucun problème pour prendre des décisions.

11. Le succès peut parfois impliquer des compromissions sur les principes.

12. Quand je me rappelle mon passé, je tends à me remémorer ce que j'ai bien fait plus que ce que j'ai mal fait ou raté.

13. Je déteste m'entendre dire que ce que je fais ne va pas.

14. Généralement, je préfère participer à une opération à lancer qu'à une affaire à maintenir.

15. Je m'intéresse à l'aspect publicitaire d'un projet.

16. Je m'identifie tellement à ma tâche ou à mon rôle que j'en oublie qui je suis.

17. Je crois à l'importance des apparences.

10. J.P. Wagner, *op. cit.*

18. Je sens que je dois faire beaucoup avant que les autres gens me remarquent.

19. Je tends à être du genre résolument optimiste.

20. Les premières impressions sont importantes.

4

La tendance des QUATRE est d'éviter d'être ordinaires. Autrement dit ils se sentent très différents des autres. Dans leur idée, cela tient à ce que leur vie a un caractère tragique, souvent dû à ce qu'ils ont grandi avec le sentiment qu'un de leurs parents les a abandonnés. Ils voient bien que les autres ne comprennent pas leur solitude ni les souffrances par lesquelles ils sont passés. C'est ce sens d'un drame personnel qui suscite leur impression d'être *à part*.

Il leur est difficile d'être naturels et spontanés. Comme des acteurs, ils ont besoin de se répéter la façon dont ils voudraient se comporter devant les autres. Mais ils ont l'impression de ne jamais *pouvoir* prendre l'air détendu qu'ils voudraient avoir. Les autres perçoivent leur charme comme « affecté ». Eux-mêmes ont fréquemment péniblement conscience de jouer un rôle plutôt que d'être vraiment eux-mêmes. Ils multiplient les efforts pour être simples, sans jamais y arriver. Ils aiment le théâtre ; mais, quand ils y vont, ils se projettent dans l'action au lieu de voir dans la pièce une façon d'entrer plus profondément dans la vie elle-même.

Ils ont un sourire qui fait toujours penser qu'ils sont à part, qu'ils comprennent certaines choses mieux que les autres. Cela leur donne un air de supériorité ou de distance, même quand ils semblent chaleureux et amicaux. Il n'est pas facile de bien les connaître. Ils s'habillent négligemment, mais toujours avec goût et élégance. Même leur maintien corporel rappelle combien ils sont différents, qu'ils ont un style original, et que personne ne saurait vivre les choses aussi profondément qu'eux.

Les QUATRE semblent toujours tendus en avant, comme

s'ils attendaient de débuter vraiment dans la vraie vie. Ils envient ceux qui paraissent plus naturels qu'eux, mais ils espèrent qu'une fois commencée leur véritable existence, ils découvriront enfin comment le devenir eux-mêmes. Ils ont l'impression de n'être pas encore assez engagés dans leurs sentiments pour être réellement des vivants. Pour avoir l'impression d'être tels, ils ont besoin d'émotions intenses, que ce soit de joie ou de peine. Ils aspirent à des sentiments profonds. Leur tiédeur en la matière leur faire croire qu'ils ne vivent qu'à moitié. Ils trouvent terriblement difficile de dire adieu, car ils voudraient se pénétrer totalement du caractère tragique de la séparation. Ils font tous les efforts possibles pour être vraiment tristes ou peinés, pour éprouver l'affection du malheur. Ils ont tendance à revenir sans cesse sur les aspects les plus tristes de leur passé, à regretter les occasions manquées, leur enfance malheureuse, les blessures qu'ils ont subies, leur solitude, l'abandon dans lequel on les a laissés. Cela peut les rendre moroses, et ils en arrivent à perdre toute espérance.

Leur caractère spécial leur vaut bien des difficultés à entrer en relation intime avec les autres, ce qui supposerait évidemment plus de réciprocité, plus d'égalité. Étant donné leur tendance à se sentir incompris, ils cherchent à attirer les autres sans jamais leur permettre d'entrer dans leur vraie vie intérieure. On peut croire qu'ils prennent plaisir à se décrire plongés en pleine tragédie ; mais quand ils racontent ce par quoi ils ont dû passer, ils ne font rien d'autre que chercher à redire à quel point ils se sentent à part.

Leurs qualités souvent remarquables leur valent d'être attirants. Ils sont compatissants. Ils savent combien l'incompréhension et la solitude peuvent faire mal. Du fait de leur sensibilité très vive, un rien les blesse profondément, alors que personne ne s'en aperçoit ni ne s'en soucie.

Une autre de leurs vertus, c'est un sens inné de l'expression symbolique, ce qui donne au moindre de leurs mots une charge considérable. Le simple fait de les approcher suffit à donner conscience de la beauté, de l'élégance, de la poésie. Ils se choisissent un métier d'artiste : poète, musicien, acteur, peintre. Ils peuvent faire preuve de créativité non seulement dans l'expression de leurs sentiments, mais aussi par l'environnement qu'ils se donnent. Leur facilité à se montrer originaux, par exemple dans la décoration de leur chambre, encourage les autres à manifester un cachet d'indépendance, plutôt qu'à répéter bêtement ce que tout le monde fait.

Les QUATRE sont généralement charmants. Leur bon goût et leur élégance les détourne de tout ce qui est laid et ennuyeux. En dépit de la difficulté à bien les connaître, leur originalité, leur différence suffit à faire apparaître leur simple présence comme une grâce.

Ils se retrouveront probablement fort bien dans les assertions suivantes[11] :

1. La plupart des gens ne se rendent pas vraiment compte de la beauté de la vie.

2. Je ressens toujours de la nostalgie pour mon passé.

3. J'essaye de paraître naturel et simple.

4. J'ai toujours été attiré par le symbolisme.

5. Les gens ne ressentent pas aussi profondément les choses que moi.

6. Les autres manquent souvent de la faculté de comprendre ce que je ressens.

7. J'aime faire les choses comme il faut, avec classe.

8. Pour moi, mon environnement est quelque chose de très important.

9. J'aime le théâtre, et je suis toujours à m'imaginer en scène.

10. J'accorde beaucoup d'importance au bon goût et aux bonnes manières.

11. Je n'aime pas me penser comme quelqu'un d'ordinaire.

12. Je ne cesse de me faire des idées de malheur, de souffrance et de mort.

11. J.P. Wagner, *op. cit.*

13. J'ai quelquefois peur de l'insuffisance de mes sentiments normaux.

14. Je parais me couler assez facilement dans les sentiments du groupe, de telle sorte qu'il m'arrive souvent de me demander où finissent les miens et où commencent ceux des autres.

15. Je crois que j'ai plus de mal que les autres à mettre un terme à une relation.

16. J'entre en résonance avec le personnage du « clown tragique », qui sourit avec tristesse.

17. On m'accuse d'être toujours à part.

18. J'ai l'impression d'osciller sans cesse entre le haut et le bas. Ou je suis aux anges, ou je coule. Quand je suis au milieu, je ne me sens pas vraiment vivant.

19. Les gens m'accusent de tout dramatiser, mais ils ne peuvent pas sentir ce que je ressens.

20. Je considère l'art comme un moyen extrêmement important de communiquer mes émotions.

5

Les CINQ ont horreur du vide. Ils projettent souvent à l'extérieur leur sentiment intérieur d'absence et accusent toujours les autres de superficialité. Pour faire front, ils se coupent physiquement ou mentalement de tous et tentent de réfléchir et de reconstruire la réalité sur un modèle bien défini. Ils sont plus *observateurs* qu'engagés. Même quand ils essayent de sortir de leur solitude, ils semblent rester en surface, sans jamais se laisser prendre par ce qui arrive. Ils se donnent du mal pour savoir ce qui se passe, mais sans y participer vraiment.

Leur *silence* est souvent gênant pour les autres. Ils paraissent toujours en savoir plus qu'ils n'en disent. Ils attendent souvent la fin d'une réunion pour intervenir, résumant alors avec brio ce qu'on vient de dire. Quand ils font part de leur réflexion, cela prend la forme d'un vrai traité. Ils exposent leur affaire en en soulignant les grandes lignes et ils veillent à en présenter très clairement chaque point. Comme leurs déclarations n'ont souvent rien à voir avec des propos de table ou de salon, ils ennuient les autres, et ils ont alors l'impression que ceux-ci sont trop légers pour s'intéresser à ce qu'ils disent. D'où leur tendance à s'enfermer très vite dans le silence. Dans certains cas, ils ne disent qu'une partie de ce qu'ils savent. S'ils disaient tout, ils auraient un sentiment de vide.

Fins observateurs de la réalité, ils enregistrent tout dans leur mémoire. Ils considèrent comme très important de ne pas se montrer idiots. Ils veulent connaître tous les aspects d'un sujet ou d'une situation avant de se sentir prêts à en dire quelque chose. Étant donné le temps qu'il faut pour cette étude et cette réflexion, ils attribuent une grande valeur à celui dont ils diposent, et ils se refusent à laisser les autres le gaspiller par leurs interventions. Jaloux de leur intimité, ils ont besoin d'espace privé pour « connaître la réalité » entendant par là *juger correctement* ce qu'ils ont pu observer, condition pour ne pas se sentir ignorants. Pour en arriver là, ils insistent sur la nécessité de chercher et de travailler tout seuls.

Ce désir violent de compenser leur vide intérieur par l'accumulation de connaissances est souvent la conséquence d'une enfance marquée par la solitude, un abandon des parents, et en particulier la pauvreté du contact avec la mère. Petits, ils se sentaient probablement déjà différents des autres membres de la famille, et ils pouvaient même éprouver des doutes sur leurs vrais parents. Pour une raison quelconque, ils ont dû très tôt faire face à ces sentiments d'isolement en se retirant dans leur monde privé, qu'ils remplissaient d'informations glanées à droite et à gauche. Ils ne rataient pas une occasion de s'écarter des autres pour réfléchir. Pour eux, la vie consiste plus à penser et à comprendre qu'à s'engager dans la relation avec des tiers. Ils se soustraient au groupe pour savoir, et c'est cette science qui leur donne un sentiment d'accomplissement. Ils veulent avant tout éviter d'être bêtes. Vu le temps nécessaire pour acquérir la sagesse, ils sont toujours en train de méditer pour s'assurer que ce qu'ils vont éventuellement dire sonnera vrai et entraînera l'adhésion.

Leur réserve et leur non-engagement irrite souvent. Perdus dans leurs propres pensées, ils n'ont qu'un faible sens du présent, ce qui leur fait oublier les noms et les conduit même à ne pas reconnaître les personnes qu'ils viennent juste de rencontrer. Dans les réunions de société, ils se sentent mal à l'aise à l'idée d'intervenir. Pour échapper à l'ennui, ils filent en douce sans dire mot. Ils peuvent aussi bien s'annoncer silencieusement et rester simplement là pendant que les autres poursuivent leur conversation. Ils considèrent leur temps comme très précieux et s'ils pensent que quelque chose le leur fait perdre, ils ne voient pas de raison de continuer à s'en occuper.

Leur tendance caractéristique à se couper des autres pour rester seuls avec leurs pensées leur donne souvent le sentiment qu'ils sont en dehors de ce qui se passe. Ils voudraient se mêler à la vie sociale, y participer comme les autres, mais en même temps ils ne sont pas prêts à sacrifier leur solitude pour cela. Ils sont très prudents dans leurs engagements envers les autres, de peur que cela ne les force à renoncer à leur tranquillité. Ils ont besoin de rester *seuls* pour ne pas se sentir épuisés. Ainsi sont-ils tentés de fuir les appels au secours des autres. De façon caractéristique, ils travaillent pour eux, et ce n'est qu'ensuite qu'ils communiquent aux autres leurs conclusions. C'est pour eux le seul moyen de maintenir la ligne qu'ils se sont fixée dans la vie.

Les CINQ sont *avares* de leur temps et de tout ce qu'ils savent. Il ne leur vient pas à l'idée de partager avec les autres leurs connaissances acquises. Ils considèrent le savoir comme un trésor en soi, capable de combler leur vide, indépendamment de toute communication aux autres. Ils l'accumulent pour eux, le gardent pour eux.

Si leurs admirateurs leur disent que, étant donné leurs lectures, ils doivent en savoir très long sur un sujet, ils répondront sans doute qu'ils n'ont pas eu le temps d'épuiser la question. Ce n'est pas fausse humilité ! Pour eux, il n'y a jamais assez de temps pour connaître bien une chose, autrement dit pour la connaître sous tous ses aspects, ce qui seul, à leur avis, leur permettrait d'en parler. Si on leur demande leur sentiment, ils répondront probablement en parlant de leur *idée*. Ils perçoivent la réalité en termes de *signification* plutôt que de sensation. Ils ne sont pas dépourvus d'émotions profondes, mais ils ne les considèrent pas comme aussi importantes que leur savoir sur les choses. Souvent, ils ne désirent tout simplement pas exprimer ce qu'ils ressentent. Dans certains cas, il leur est même difficile d'y vibrer, car ils ne vivent habituellement pas à ce niveau émotif. Quand ils parlent, ils le font sur un ton très égal et tranquille. Cela tient à la façon dont ils ont *compartimenté* leur vie.

Ils ont beaucoup de qualités très attrayantes. Ils écoutent les autres avec attention. Parents, ils ont le don de faire parler leurs enfants et ils s'intéressent énormément à la signification de leurs expériences. Ils aiment déléguer les responsabilités, encourager les autres à prendre eux-mêmes leurs décisions et à faire eux-mêmes les choses. Ce sont des personnes gentilles, parfois avec excès.

Un de leurs autres traits attachants, c'est leur attitude à considérer la vie comme *riche de sens*. Ils sont toujours en recherche du sens des événements, même dans la vie ordinaire. Quand ils parlent, ils s'efforcent de communiquer clairement, et ils savent résumer des affaires complexes en quelques mots clairs et compréhensibles. Ils considèrent comme très important de faire comprendre les choses.

Ce sont également des personnes qui s'abstiennent de critiquer. Leur approche de la réalité n'est pas celle du juge, toujours désireux de trancher de ce qui est juste ou injuste, bien ou mal. Pour eux, tout est *intéressant* à comprendre. Ils voient bien qu'il faut beaucoup de temps pour tout savoir, et qu'il faut tenir compte de tous les aspects d'un problème avant de pouvoir s'en faire une quelconque idée. Cette façon d'aborder la réalité sans juger leur donne aussi de l'*esprit* et un certain sens de l'absurde. Ils sont capables de prendre presque tout avec humour, avec une causticité que les autres apprécient, surtout quand elle s'affirme inopinément.

Les CINQ se montreront sans doute d'accord avec les déclarations suivantes[12] :

1. Je tends à garder mes sentiments pour moi.

2. Je tiens à ce que j'ai et je collectionne les idées dont je pourrais faire un jour usage.

3. Je ne sais pas bien comment m'engager dans des conversations à bâtons rompus.

4. Intellectuellement, j'aime synthétiser et mettre bout à bout les idées.

5. Je me trouve tout bête quand je suis dans l'embarras ou quand quelqu'un me demande si je me sens bien.

6. J'ai besoin de beaucoup de temps et d'espace pour moi tout seul.

7. Je tends à laisser les autres prendre les initiatives.

8. Je m'assois souvent pour observer les gens, au lieu de m'engager dans leur groupe.

9. J'ai tendance à rester solitaire.

10. Il me semble que je suis plus silencieux que les autres. Les gens me demandent souvent ce que je pense.

11. J'ai du mal à obtenir ou à demander ce dont j'ai besoin.

12. Quand on entame un sujet, j'ai besoin de commencer par réfléchir moi-même avant d'en discuter avec les autres.

13. Il m'est très difficile de m'affirmer moi-même.

14. Je cherche à résoudre mes problèmes en y réfléchissant.

15. J'aime mettre les choses en perspective, à prendre du recul et à comprendre tout. Si quelque chose m'échappe, je m'accuse d'être naïf ou simpliste.

12. J.P. Wagner, *op. cit.*

16. J'ai tendance à être avare de mon temps, de mon argent et de moi-même.

17. Je déteste vraiment n'en avoir pas pour mon argent.

18. Quand quelque chose me dérange, en moi ou chez les autres, je me juge, ou je les juge facilement « idiots », « bêtes », « stupides ».

19. J'ai un ton de voix très tranquille et les gens sont souvent à me demander de forcer la voix. Cela m'agace.

20. J'ai plus tendance à prendre qu'à donner.

6

Les SIX ressentent la vie comme extrêmement exigeante à leur endroit. Cela tient aux autres, en particulier aux groupes auxquels ils appartiennent. Ils n'abordent donc l'existence qu'avec crainte et tremblement.

Enfants, ils ont probablement eu affaire à un père, ou à une figure paternelle extrêmement rigide. A l'école, il leur a fallu se conformer à toutes les exigences du maître. Ils ont grandi avec l'idée que l'autorité avait à décider de tout. Ils sont très soucieux d'*obéir* à toute prescription de la loi.

Pour eux, il y a une frontière bien tracée entre le bien et le mal. Pour en être sûr, ils font continuellement appel aux règles ou aux documents de l'institution. Privés de cette autorité, ou de cette légitimation, ils manquent totalement d'assurance dans leurs prises de décision. Leur attachement à la loi tient évidemment à leur amour de la *sécurité* : c'est l'autorité qui définit ce qu'il faut faire ou ne pas faire et la façon dont doivent se comporter les autres. Dans le cadre de la règle, ils se sentent assez libres, mais il est probable qu'ils feront preuve de beaucoup d'entêtement dès que quelque chose sortira des normes. Souvent ils déclarent que les choses vont trop loin et qu'on exagère.

S'identifiant avec les règles communes, ils ont grand besoin de se relier à des groupes. De ce fait, ils tendent à diviser le monde entre « eux » et « nous ». Dès qu'ils sentent la moindre menace planer sur le bien-être commun, ils en deviennent paranoïaques, flairant partout le danger. Ils sont extrêmement sourcilleux de ne voir personne manquer aux règlements. En la matière, ils perçoivent toute faille des autres comme très mauvaise, et ils n'hésitent pas à dénoncer les déviations et ceux qui s'en rendent coupables. Dès qu'il s'agit d'exiger des autres le respect des lois communes, ils sont très sûrs d'eux et, bien qu'il puisse leur arriver d'y manquer eux-mêmes, ils ne l'admettent pas.

Ils ne savent que faire de leur temps libre. Ils n'y voient qu'un moment à employer pour satisfaire à quelque exigence posée par une autorité extérieure. Ils veulent n'en user que de façon responsable, mais si personne ne leur montre qu'en faire, ils ne savent pas en décider par eux-mêmes. Même lorsqu'il ne s'agit que d'un simple achat dans un magasin, ils peuvent se montrer hésitants, incapables de choisir sans le conseil d'un tiers, parfois même d'un étranger. Ils peuvent compenser leur incertitude sur ce qu'il faut faire par une hyperactivité, ceci pour un résultat médiocre, voire nul.

Les SIX sont tout simplement des gens qui ne démarrent pas d'eux-mêmes. Bien qu'ils soient prêts à travailler durement, ils ont besoin d'une motivation externe. *Ils considèrent comme très important de ne prendre aucune fausse décision.* Cela les rend très prudents. Ils en arrivent même souvent à n'en prendre aucune, même si « ne rien décider, c'est encore décider ». Ils se refusent tellement à courir le moindre risque qu'ils finissent par rater certaines opportunités de la vie.

Leur problème majeur, c'est l'*insécurité*. Constamment craintifs et anxieux, ils ont toujours quelque chose à redouter. Le plus souvent, ils ne savent même pas quoi : c'est simplement le futur. Ils se sentent au contraire beaucoup plus rassurés par tout ce qu'on a déjà essayé, testé, que par une quelconque nouvelle manière de faire. Là où les autres voient un défi intéressant, une aventure, ils ne perçoivent que menace. Ils préfèrent répéter ce qu'ils ont bien fait jadis. Ils manquent de confiance dans les capacités présentes auxquelles ils n'ont jamais fait appel, tout au moins pas de cette façon-là. Autrement dit, tout changement les effare. Cela tient à un manque de confiance en soi, en leur aptitude à prendre de bonnes décisions ou à faire des expériences inédites. La vie est dangereuse, exigeante ! Dès qu'il s'agit de prendre la moindre responsabilité, il faut être sur ses gardes. Pensant qu'ils auront des problèmes s'ils ne se conforment pas à ce qu'on attend d'eux, ils se méfient. Ils n'osent même pas lire quelque chose de sérieux. Ils se sentent coupables à la seule idée de savoir. Ils accordent de l'importance au moindre mot imprimé, comme si celui-ci exigeait d'eux quelque chose. Cette tendance à se sentir responsable de ce qu'on lit constitue évidemment un obstacle considérable pour apprendre. Cela finit même par leur ôter toute envie de lecture.

Ils ont souvent le sentiment que la meilleure manière d'affronter le danger, c'est l'*attaque*. Insécurisés, ils sont portés à voir toute opposition, que ce soit à eux ou au groupe, comme très dangereuse. Pour se protéger, ils la combattent avec violence, allant jusqu'à sortir des arguments menaçants « au nom de la loi ». Autre manière de prendre l'offensive : ils recourent perpétuellement au mot « jamais ». Ils déclareront par exemple : « je ne permettrai *jamais* cela », ou « je ne changerai *jamais* ».

Du fait de cette insécurité continuelle, ils sont graves, sans humour. Ils voudraient bien ne pas prendre les choses aussi au sérieux, mais, étant donné leur sens des responsabilités, ils n'y arrivent pas. Ils débordent sans cesse d'appréhension et de crainte. Leur expérience passée a eu beau leur montrer que ces craintes sont souvent injustifiées et que les choses se sont finalement bien passées, ils continuent à redouter l'avenir.

Ils font preuve d'un sens authentique de l'hospitalité. Ils sont *loyaux* et se donnent de tout cœur au groupe auquel ils appartiennent. De ce fait, ils sont chaleureux avec leurs amis, dévoués. Considérant leur groupe comme très important, ils sont prêts à tous les sacrifices pour lui. Cela leur permet d'assumer des postes importants de direction. Mais, dans ce cas, ils ont besoin de *directives* claires, nettes, circonstanciées. Une fois qu'ils savent ce qu'on attend d'eux, ils se montrent très actifs. Les autres sont souvent étonnés de la rapidité et du rendement de leur travail. Employés, ils tiennent à se montrer très ponctuels, et ils ne répugnent en général pas du tout à faire des heures supplémentaires, du moment que l'autorité est d'accord.

Les SIX agréeront sans doute à la plupart des assertions suivantes[13] :

1. Je m'en tiens essentiellement à la voie moyenne.

2. Je considère comme très importante la loyauté envers le groupe.

3. Je trouve très difficile d'aller à l'encontre de l'autorité.

4. Avant de prendre une décision, je collectionne les informations pour être sûr que j'y suis bien prêt.

5. Je prends longtemps avant de me décider, parce que j'ai besoin d'explorer toutes les hypothèses.

6. Je me demande souvent si je suis assez courageux pour faire tout ce que j'ai à faire.

7. Je suis souvent rongé de doutes.

8. J'aime être sûr des choses avant d'agir.

9. Sans règles strictes, il est difficile de dire aux gens que faire.

10. Je tends souvent à agir par sens du devoir et des responsabilités.

11. J'aime savoir dans quelles limites se situe mon travail.

12. Je parais avoir plus le sens du danger et des menaces que les autres.

13. J'ai tendance à prendre parti et à m'inquiéter du parti que prennent les gens.

14. J'ai tendance à voir les contradictions et à y être sensible.

13. J.P. Wagner, *op. cit.*

15. Je préfère avoir des horaires clairs que d'agir sans délais nets.

16. Je me surprends souvent à me demander si les autres constituent une menace ou non.

17. La « prudence » est une vertu très importante pour moi.

18. J'ai constamment à réagir contre mes craintes.

19. Je semble beaucoup plus soucieux que les autres de me défendre, ou de défendre ma position.

20. Je m'imagine souvent dans le rôle d'une espèce de « héros ».

7

La tendance des SEPT est d'éviter la souffrance, physique ou morale. Ils sont mal à l'aise devant toute opposition ou toute situation conflictuelle. Ils ne voient dans la vie que quelque chose de *plaisant*, et ils font tout pour que ce soit le cas. Ils peuvent même accomplir certaines choses désagréables, astreinte ou pénitence, en y prenant même plaisir.

Pour échapper à la souffrance, ils ne cessent de faire des projets de bonheur. Ils tendent à être toujours optimistes et à se débarrasser de tout ce qui les inquiète ou va mal. Leur désir de ne voir que les côtés heureux de l'existence les rend fort agréables aux autres, mais assez *superficiels*.

Ils éprouvent le besoin de fuir tout ce qui leur déplaît, même si cette chose peut les faire progresser, ou leur valoir une amélioration de leur travail. Cette façon de se détourner de tout ce qui est pénible peut les conduire à se laisser aller. Ils ont beaucoup de mal à quitter ce qui leur fait plaisir. Ils voudraient continuer à jouir de ce qu'ils goûtent et, si quelque chose leur paraît bon, ils en veulent plus encore. Cette approche de la vie tient probablement à ce qu'ils ont connu au départ la chaleur d'une famille heureuse, mais que celle-ci leur a ensuite été ôtée. Ils semblent toujours à la recherche d'un confort perdu.

Ils ne peuvent penser à la réalité qu'en tirant des plans

sur elle. Du fait de ces projets, ils envisagent le futur avec joie. Mais le présent peut leur poser des problèmes qu'ils tentent de contourner. Au lieu de s'attaquer au travail difficile et de régler les détails liés à leurs rêves, ils multiplient ceux-ci et cherchent à échapper aux difficultés dans le plaisir. Comme ils veulent trouver de la joie dans tout ce qu'ils font, ils ont tendance à lâcher leur travail dès qu'il devient pénible, même s'ils mènent généralement à bien le projet qui les absorbe. En conséquence, ils travaillent par à-coups. Quand quelque chose les enthousiasme, ils peuvent s'y mettre à fond et trouver une grande satisfaction à la faire. Leur façon de continuellement remettre les choses difficiles au lendemain est parfois très irritante pour les autres : ceux-ci se plaignent qu'on ne peut pas compter sur eux pour faire les choses à temps. Quoi qu'ils fassent, les SEPT tendent à être toujours en retard.

Parmi leurs qualités positives, il faut noter leur capacité de toujours trouver du plaisir dans la vie. Dans leur famille, dans leurs groupes, ils savent créer un climat enjoué. Ils ont toujours le chic pour détendre les situations difficiles et pour mettre tout le monde de bonne humeur. Leur optimisme inné aide les autres à croire que « tout ira pour le mieux ».

Ils aiment bavarder, en particulier en racontant de bonnes histoires sur les autres. Bien que cela puisse tourner au commérage, ils cherchent ainsi à distraire, plus qu'à blesser. Ils sont toujours à se demander comment rendre les autres heureux et, même au milieu de la détresse, ils sont capables de voir le bon côté de la vie. A les en croire, il n'y a pas grand-chose qui ne puisse être objet de plaisir. Ils rient ou sourient souvent, et ils ont une manière enfantine de voir ce qu'il y a de bien dans les gens et dans les choses. Un de leurs mots favoris, c'est « chic », ou « super ». C'est ainsi qu'ils voudraient voir le monde entier. Ils ont beaucoup de facilité à se lier aux gens qu'ils rencontrent et à se montrer aimables avec tous.

Ils seront probablement d'accord avec la plupart des déclarations suivantes[14] :

1. Je parais beaucoup moins que les autres soupçonner les gens et leurs motifs.

2. Il y a peu de choses en lesquelles je ne puisse trouver du plaisir.

3. Les choses tournent toujours au mieux.

4. J'aimerais que les gens prennent les choses un peu plus à la légère.

5. J'aime les gens qui me semblent heureux.

6. Je regarde habituellement le bon côté des choses, et je laisse tomber les côtés négatifs de la vie.

7. J'aime presque tous ceux que je rencontre.

8. J'aime raconter des histoires.

9. J'aime me voir comme un enfant, comme quelqu'un qui se réjouit sans cesse.

10. Les gens disent souvent que la soirée tourne autour de moi.

11. J'aime voir la portée cosmique de tout ce qui arrive, l'importance universelle des événements.

12. J'ai pour théorie que, si quelque chose est bon, il en faut plus encore.

13. Je ne pense pas bon d'être triste trop longtemps.

14. J'aime rendre tout « super ».

15. J'aime « savourer » la vie.

16. J'ai tendance à m'enthousiasmer pour le futur.

17. J'aime mettre les gens de bonne humeur.

18. Le plus souvent, j'évite tout ce qui est vraiment « lourd ».

19. Je tends à passer d'une chose à l'autre plutôt que de creuser à fond l'une d'elles.

20. Je garde un souvenir heureux de mon enfance.

14. J.P. Wagner, *op. cit.*

8

Les HUIT ont tendance à éviter tout signe de faiblesse. Ils voient la vie comme une continuelle lutte pour le pouvoir où ils ont bien l'intention de dominer. Ils cherchent à intimider et semblent toujours prêts à se bagarrer. Ils disent souvent « non » aux gens.

On est souvent étonné de voir combien ils ont peu ou pas du tout de remords à écraser les autres. A les en croire, il y a partout des gens agressifs ou hypocrites. Ils ont la ferme volonté de l'emporter sur eux. Ils sont toujours prêts à entrer en conflit avec eux. Ils se chargent de démasquer les prétentions et les injustices des autres, et, pour ce faire, ils recourent à des expressions vulgaires. Ils savent piquer le côté faible des gens, et sont toujours prêts à attaquer, pour peu qu'on les y provoque.

Ils éprouvent intérieurement le besoin d'abaisser ceux qui se considèrent comme supérieurs. Ils percent rapidement leurs prétentions au pouvoir. Ils n'hésitent jamais à dire aux autres ce qu'ils désirent ou ce qu'ils attendent. Ils trouvent plus de satisfaction dans une vie de confrontation, car ils pensent que la seule chose vraie, c'est de garder le contrôle sur les choses. Ils sont contents de se sentir forts et ils respectent ceux qui sont tels. Dans leur admiration de la *force*, ils sont prompts à perdre rapidement tout respect pour tous ceux qui cherchent des compromis : ce sont des « lavettes ». Ils sont convaincus qu'il y a trop de faibles, de jobards, de timides, et ils sont toujours prêts à les houspiller.

Ils partent en croisade en faveur de tout ce qui leur paraît juste, et contre tout ce qui leur paraît mauvais. Ils ne se joignent aux autres que s'ils les voient prêts à prendre parti contre tous les méchants. Ils ne cessent d'avertir leurs amis de ne pas se laisser marcher sur les pieds. Ils perçoivent souvent le besoin de *changer radicalement* de mode de gouvernement, et ils sont généralement prêts à prendre en charge l'organisation des opérations, quelles qu'elles soient.

Du fait de leur agressivité, les autres ont au début bien

s'exciter ? De quoi s'agit-il au juste ? » A les en croire, la plupart des choses n'ont pas grande importance.

La façon dont ils abordent la réalité tient probablement à un manque d'affection de la part de leurs parents au cours de leur enfance, en particulier de leur mère. Ils se peut que ces parents aient été peu affectueux, ou qu'ils aient eu peur de gâter leurs enfants. Leur seule façon de faire face à ce manque d'amour, c'est de dire que, de toute façon, cela n'a pas d'intérêt. Ils ont tendance à se dénier toute valeur, toute importance. Même leur langage corporel semble dire : « Je ne m'en fais pas vraiment. »

Conséquence, leur visage et leur ton de voix sont typiquement dénués de tout accent. Ils se servent de mots neutres qu'ils débitent sur un ton perché. Leur attitude traduit un manque de chaleur. *Indolents*, ils aimeraient être plus vivants, mais ils ont l'impression de manquer de stimulations extérieures. Dans l'action, ils ont beaucoup de mal à distinguer l'essentiel du secondaire. En conséquence ils sont capables de faire beaucoup de choses sans raisons et sans résultats.

Ce sont typiquement ceux qui restent suspendus à leur télévision. Mais il est essentiel qu'on ne change rien à leur programme régulier. Une émission d'informations inattendue les bouleverse, du simple fait qu'elle vient déranger l'horaire des programmes qu'ils attendent. Ils peuvent y réagir en dormant tout le temps. Ils accordent souvent beaucoup d'attention au sport, aux jeux de carte ou aux collections de bibelots. Ils aiment la *vie statique*, et ils s'accrochent à ce qui leur est familier. Du fait que la rencontre de gens nouveaux suscite en eux la tension, ils évitent généralement de sortir. Ils se contentent de garder quelques vieux amis, les seuls dont ils attendent un peu d'animation dans la vie.

Dans leur désir d'éviter tout ce qui pourrait les exciter, ils ne cessent de remettre les choses au lendemain et trouvent toujours quelque bonne excuse pour ce faire. Ils ont tendance à être en retard aux rendez-vous ou même à les oublier complètement. Ils ont l'impression que le temps passe sans qu'ils s'en aperçoivent. Pour eux, le temps est quelque chose qu'il suffit de laisser passer, sans savoir où il va. L'important, c'est que les choses soient bien à l'heure. Ils se satisfont de la *routine*, car elle signifie absence de conflit et elle leur évite d'avoir à prendre aucune décision. Quand quelqu'un leur en demande un peu plus qu'ils n'en ont l'habitude, ils veulent bien, mais celui-là aura à attendre qu'ils aient fini tout ce qu'ils avaient à faire avant.

Ils ont beaucoup de qualités admirables, de vrais dons pour les autres. Leur simple présence peut suffire à ralentir le rythme de tous ceux qui sont toujours à courir. Leur manière de ne jamais sembler menaçants aide les autres à se détendre à retrouver la paix. Ils attribuent une grande valeur à l'accord et à l'harmonie, ce qui est très important pour tous les groupes. Leur aptitude à écouter sans fin ce qui trouble les autres instille le calme dans les situations les plus compliquées. Quoi qu'on leur raconte, ils sont à l'épreuve des chocs. Ils répliquent rarement par des avis, mais aident les autres à prendre plus de distance par rapport à leurs problèmes et les empêchent de réagir avec trop de violence à la situation.

Ce sont les arbitres naturels des conflits familiaux, et ils sont excellents pour permettre les réconciliations. Ils insistent sur la nécessité de s'asseoir et de prendre le temps de régler les différends. Dans leur jugement, ils peuvent alors faire preuve de grande impartialité. L'essentiel, pour eux, c'est la paix et l'union entre les personnes : rien ne doit venir les troubler, car il n'y a rien de plus essentiel. Pour eux, il y a *toujours moyen de s'entendre.*

Ils seront probablement d'accord sur la plupart des déclarations suivantes[16] :

1. La plupart des gens s'en font trop.

2. Il n'y a guère de choses dans la vie qui méritent qu'on se mette sens dessus dessous.

16. J.P. Wagner, *op. cit.*

3. Je suis presque toujours calme et tranquille.

4. J'aime avoir le temps de ne rien faire.

5. Je suis quelqu'un d'extrêmement accommodant.

6. Je ne peux pas me rappeler quand j'ai eu pour la dernière fois du mal à m'endormir.

7. Même s'il y a quelques différences, j'ai toujours l'impression que les gens sont un peu les mêmes.

8. Généralement, je ne me laisse guère enthousiasmer.

9. Il n'y a rien d'assez urgent pour ne pouvoir attendre demain.

10. J'ai besoin de stimulation pour me faire aller de l'avant.

11. Je déteste perdre mon énergie pour rien. J'aborde toujours les choses en me demandant comment ne pas me fatiguer.

12. Mon attitude consiste toujours à ne rien laisser me tracasser.

13. Je puis être un arbitre très calme, car je pense que chaque côté des choses vaut bien l'autre.

14. Je déteste qu'on me dérange.

15. Je suis généralement la ligne de moindre résistance.

16. Je suis très fier de ma stabilité.

17. Je tends à minimiser les choses pour arranger les gens.

18. Je ne pense pas être très important.

19. J'ai du mal à écouter et à prêter attention.

20. Je suis d'accord avec cette déclaration : « Pourquoi rester debout quand on peut s'asseoir, et pourquoi s'asseoir quand on peut rester couché ? »

2
L'ennéagramme de Jésus

Même si le chapitre précédent avait pour but de détailler un itinéraire à l'intérieur de soi-même, certaines de ses propositions pouvaient avoir des conséquences négatives. Il faut bien l'admettre : cette description des différents types en termes de compulsion dominante donnait l'impression qu'on avait affaire à des stéréotypes, voire à des caricatures, plutôt qu'à des personnes bien réelles. Certes, notre but est bien de susciter une liberté de choix renouvelée. Cependant, notre façon de tout centrer sur un « péché type » peut bloquer le progrès de quelqu'un en renforçant son attitude négative vis-à-vis de soi-même, ou le faire hésiter à accepter sa classification telle que la propose l'ennéagramme. Dans ce second chapitre, nous voudrions apporter un antidote à ces inconvénients en réfléchissant à la *personnalité de Jésus* à la lumière de l'ennéagramme. Si lui-même, tel que nous le représentent les Évangiles, montre certains des traits de caractère que nous venons de décrire, cela devrait nous permettre de mieux accepter de les retrouver en nous, quelle que soit la faiblesse que nous devions aussi y reconnaître.

Pourquoi donc penser que Jésus peut correspondre à ces types humains ? La théologie chrétienne nous le présente comme quelqu'un résumant en lui tout ce qui est nécessaire pour notre salut. Ainsi que l'affirmait saint Jean Damascène (vers 675-749) : « S'il y a quelque chose de moi qu'il (le Verbe de Dieu) n'a pas assumé, ce n'est pas sauvé[1]. » Notre foi concrète en l'incarnation comme principe de salut insiste sur le fait que Jésus a vécu son humanité *avec tout ce qu'elle implique par nature*, y compris faiblesses et tentations.

D'où une seconde question : pourquoi Jésus devrait-il assumer *les neuf types* que nous avons décrits ? Ici, la meilleure réponse découle de la théorie même de l'ennéagramme. Chaque type se caractérise par une compulsion qui conduit à se *méprendre* sur la façon de vivre des qualités positives, donc la prédominance d'un aspect de l'« essence » de l'homme. Il renvoie donc à un aspect positif de l'être humain, et la compulsion ne consiste en rien d'autre qu'à la pousser à l'extrême : ce qui ne devrait constituer qu'un aspect de la personne tend à prendre toute la place. Le prix à payer, c'est l'incapacité à intégrer la totalité de l'humanité. La compulsion constitue un *péché contre la plénitude.* Elle exalte une partie de la véritable personnalité et en fait le tout de la personne. On voit donc pourquoi Jésus doit intégrer les neuf types décrits : étranger au péché, il l'est également à toute compulsion, et au lieu de ne présenter donc qu'un aspect de la véritable personnalité humaine et de la pousser à l'extrême, il vit en plénitude toutes les qualités de l'humanité : c'est pourquoi on peut retrouver en lui tous les aspects positifs de chacun des types de l'ennéagramme. Faisant siennes les neuf façons de vivre

1. Jean Damascène, *La foi orthodoxe*, II, 1. Les premiers écrivains chrétiens considéraient généralement que notre salut tient essentiellement à ce que le Logos avait assumé notre humanité. En conséquence, il suffirait que le Verbe n'en ait pas assumé un aspect pour que celui-ci échappât à l'union à Dieu, donc à la Rédemption. Tel était l'argument souvent allégué contre ceux qui déniaient à Jésus son humanité. Les Pères insistaient sur le fait que celui-ci n'avait pas seulement un corps, mais aussi des pensées et des sentiments d'homme : colère, plaisir, peur, tristesse et affections.

en homme, tout en refusant l'aspect compulsif, il est vraiment apte à proposer à chaque type de personnalité un véritable modèle du voyage intérieur à entreprendre vers la vraie liberté.

Notre méthode pour sonder sa personnalité en nous aidant de l'ennéagramme consiste à se poser trois questions à propos de chacun des types décrits :

1. Quelles qualités positives de chacun de ces types retrouvons-nous en Jésus ?
2. Quel est le piège que présente chacun de ces types ?
3. Comment Jésus a-t-il échappé à ce piège, se libérant ainsi de toute compulsion ?

Ces trois questions nous introduisent dans le processus de thèse, antithèse et synthèse qui caractérise la démarche dialectique. Ce sont elles qui nous permettent un véritable voyage à l'intérieur du « soi » de Jésus. Les données que nous fournisent le Nouveau Testament ne nous conduiront pas seulement à interpréter son comportement, mais aussi à insister sur ce qu'on appelle « les valeurs évangéliques ». Nous aurons ainsi à pratiquer une série d'exercices qui constituent de véritables méditations sur son portrait ; ce qui nous offrira une espèce de tremplin pour passer de l'ennéagramme à la spiritualité chrétienne.

1

Les qualités positives du UN se retrouvent de façon toute particulière dans l'*idéalisme* de Jésus. Il se considérait lui-même comme un réformateur. Pour lui, le monde ne correspondait pas au projet de Dieu. Il était très soucieux de justice. Il résumait son attente en disant : « Soyez parfaits comme votre Père du Ciel est parfait » (Mt 5, 48). Il se proposait lui-même en *modèle de perfection*, au point de pouvoir défier quelqu'un de le « convaincre » d'un seul péché (Jn 8, 46). Il se consacrait de toutes ses forces à bien mettre les choses au point, s'efforçant toujours de parler clairement à ceux qui l'écoutaient. Il était direct et franc avec tous. Pour lui, conspiration et calomnie venaient du Mauvais. Ainsi qu'il le déclarait à ses auditeurs : « J'ai parlé ouvertement et en public... Je n'ai jamais rien dit en secret » (Jn 18, 20).

Pour lui, il était très important de traiter tout le monde avec respect et sur un pied d'égalité. Ainsi dans l'histoire de la femme adultère (Jn 8, 1-11), les chefs religieux essayent de la convaincre de péché, afin de pouvoir l'arrêter ; ils savent combien il insiste sur la miséricorde et le pardon ; ils traînent donc devant lui une femme surprise en flagrant délit d'adultère ; ils lui rappellent que Moïse a prescrit dans ce cas : la lapidation (Dt 22, 22-24), et ils lui demandent donc ce qu'il en dit. Mais lui ne se préoccupe ni de théologie ni d'exégèse ; il est avant tout touché par cette femme, par son désarroi. Elle a eu tort, certes, mais ce n'est pas une raison pour l'exposer ainsi en public. Il voit bien que les autres ne se soucient absolument pas d'elle : ils ne font que l'utiliser pour lui tendre à lui-même un piège en l'obligeant à se prononcer contre l'Écriture. En fait, ils sont infiniment plus pécheurs qu'elle, puisqu'ils sont en train de comploter sa mort. Il répond donc : « Que celui d'entre vous qui n'a jamais péché lui jette la première pierre. » Et voici que tous s'en vont, à commencer par les plus âgés. Laissé seul avec elle, il l'interroge : « Femme, où sont-ils ? Personne ne t'a condamnée ? » Et elle de répondre : « Pas un, Seigneur. » Il reprend alors : « Moi non plus, je ne te condamnerai pas. Va, et ne pèche plus. »

Étant donné leur esprit de justice et d'égalité comment les UN ne s'identifieraient-ils pas au Jésus de cette histoire ? Du simple fait que ces accusateurs étaient plus forts que cette femme, qu'ils jouissaient d'une meilleure réputation, ils auraient dû s'interdire d'en tirer avantage en décidant ce qui était juste. Même si elle avait commis une faute morale, elle méritait le respect, en tant que personne. Elle avait un droit égal à celui de tout le monde, et cela interdisait de l'utiliser comme on le faisait.

Le piège de l'idéalisme

Le fait de se considérer soi-même comme un idéaliste peut donner à quelqu'un de l'assurance et le sentiment de mériter le respect. Il est vrai que les UN sont de gros travailleurs, attentifs aux détails, et qu'ils savent fort bien distinguer le bien du mal. Ils s'efforcent toujours de progresser et ils passent beaucoup de temps à se préparer pour mener à bien ce qu'ils ont à faire. Cependant cet idéalisme peut devenir une *obsession* et les conduire à devenir intolérants, à ne plus supporter les fautes des autres ou même à se montrer impatients avec eux-mêmes.

Dans leur effort pour être parfaits, les UN se donnent beaucoup de mal pour éviter toute colère. Mais celle-ci peut se tapir en eux et, devenir inconsciente, nourrir leur ressentiment. Elle peut ne se manifester que dans une simple irritation du ton de la voix. Les UN n'en restent pas moins furieux de voir que les autres ne sont pas ce qu'ils devraient, de ce que les choses ne vont pas comme il le faudrait. S'appliquant leur propre idéalisme, ils ne cessent de se tracasser, comme sous l'effet d'une critique intérieure. Au lieu de s'accepter eux-mêmes, avec leurs imperfections, ils voudraient se corriger. Ils refusent également l'imperfection des autres, et ils pensent qu'ils doivent absolument les surmonter pour mériter qu'on les accepte.

Il arrive parfois aux UN de se considérer comme si pleins de fautes qu'ils en sombrent dans la morosité et l'abattement. Ils ont bien dû le constater : jamais ils n'auront le temps ni l'énergie nécessaires pour parvenir au résultat rêvé. Comme ils voudraient que tout soit parfait, il suffit d'un seul accroc à cette pureté et à cette netteté pour les mettre mal à l'aise et les rendre désagréables. Pour cette raison ou pour une autre, ils finissent par être constamment sur les dents et à en devenir insupportables. Leur souci est excessif. Cela ne fait pas que les rendre invivables : ils en deviennent *incapables de se supporter eux-mêmes.*

Retrouver l'optimisme

Le piège de l'idéalisme des UN, c'est leur trop grande insistance sur la perfection. C'est précisément celui qu'évite Jésus, quand il se montre capable d'*accepter les gens tels qu'ils sont.* La perfection divine qu'il propose en modèle consiste en fait dans cette miséricorde que, selon Luc, il proclame dans le Sermon sur la montagne : « Soyez miséricordieux comme votre Père du ciel est miséricordieux » (Luc 6, 36). La première chose à faire pour améliorer le monde, c'est de montrer de la patience et de la tolérance pour l'imperfection. Il faut savoir « tendre l'autre joue » (Lc 6, 29), faire « un mille de plus » (Mt 5, 41), rendre le bien à ceux qui font le mal (Lc 6, 35). Cette attitude est celle même de Dieu, lui « qui fait se lever le soleil sur les bons comme sur les méchants et pleuvoir sur les justes comme sur les injustes » (Mt 5, 45). Elle tient à son optimisme concernant l'homme et sa situation, et de la conviction que le bien finira par l'emporter, même si ce n'est que progressivement : en répondant avec gentillesse à la brutalité des autres, on finira bien par les toucher et par leur faire prendre conscience de la nécessité de changer de conduite. La miséricorde sait bien que la première chose qui permet à quelqu'un de devenir meilleur, c'est de *se savoir aimé et accepté tel qu'on est.*

Ce dont les UN ont besoin dans leur effort de perfection, c'est donc d'optimisme. N'étant qu'humains, ils sont soumis à la *loi de la croissance progressive*, laquelle suppose qu'on commence par s'accepter soi-même. Ils ont besoin de pouvoir se dire : « Je n'ai pas à commencer par être parfait pour qu'on m'aime. C'est Dieu qui m'a fait. Il ne peut se tromper. » Il n'est personne que ce Dieu ne crée par amour et qui ne soit donc un don de lui au monde, à un moment donné de l'histoire. Toute amélioration réelle ne saurait donc venir que de la force qu'il confère à chacun. Cette force tient en premier lieu à la certitude qu'il nous aime sans conditions, ce qui se traduit dans des dons qu'il nous a faits et dans celui que les autres nous font d'eux-mêmes.

En adoptant cette attitude, celle que nous enseigne Jésus, les UN trouveront la paix. En dépit de tout ce qui va mal en ce monde, il y a tant de bien à y voir, tant de choses dont se réjouir. Il ne manque même pas de signes montrant que les choses vont de mieux en mieux. Que de gens portent aujourd'hui un souci accru de la justice, de l'honnêteté, de la paix universelle. Il est évident que Dieu est à l'œuvre dans le cœur des hommes, et qu'il conduit l'humanité à désirer la perfection des personnes et des nations. Jésus ressuscité est là, au cœur du monde, toujours à surmonter le désordre, l'injustice, ou tout ce qui peut menacer le bien de notre race. C'est à la famille humaine de régler les problèmes qui affectent notre monde.

Dans le cadre quotidien de leur vie et de leur travail, les UN peuvent trouver en Jésus et dans son enseignement l'inspiration nécessaire pour voir les choses *en grand*, plutôt que de se laisser coincer dans les détails. Tout ce par quoi ils peuvent contribuer à améliorer les choses autour d'eux correspond au plan d'amour universel de Dieu. Jésus lui-même se reconnaît en ses disciples chaque fois que ceux-ci s'efforcent de faire progresser les choses. On ne saurait pour autant confondre sa voix avec cette petite voix anxieuse de la critique intérieure qu'on prend parfois bien à tort pour celle « de la conscience ». Au lieu d'écouter celle-ci, il faut davantage prêter l'oreille à ce que Dieu nous dit à travers l'Écriture, à travers ceux qu'on rencontre et à travers les désirs les plus profonds de notre cœur. Les UN ont besoin de le voir à l'œuvre derrière les aspirations des autres, lesquelles, c'est à remarquer, correspondent à leurs propres idéaux. Ces aspirations, ou ces désirs du cœur, proviennent d'une sorte de « courant souterrain », source vivifiante de tous ceux pour qui la contemplation permet de rentrer profondément en eux-mêmes. La capacité d'accéder à une telle contemplation dépend de l'attitude de compassion universelle qui rend quelqu'un capable de s'accepter lui-même, avec ses propres erreurs et ses fautes, aussi bien que d'accepter les autres et de leur *pardonner*.

Les UN tireront grand profit à noter tout ce qui leur arrive de bon dans la vie. Il leur suffit de remarquer combien les choses tournent souvent au bien. Cela ne dépend pas seulement de leurs efforts, mais aussi de nombreux facteurs imperceptibles. Bien souvent, de tels témoignages de la *Providence divine* seront non seulement étonnants, mais *amusants*. Cette façon de voir les choses, de se remémorer les événements, les aidera à se débarrasser de leurs anxiétés et à faire en pratique confiance à l'intervention divine en leur vie.

2

Les DEUX n'auront guère de difficulté à trouver en Jésus le modèle de leur profond désir d'être serviables. Car celui-ci se considère lui-même comme envoyé de Dieu au service des autres et il déclare à ses disciples que, s'ils désirent être les plus grands, ils doivent se faire serviteurs de tous (Mc 10, 44). Pour lui, cela se traduit dans la chaleur de son accueil, comme on le voit par exemple lorsqu'il prend un petit enfant dans ses bras pour l'embrasser (Mc 10, 16). Naturellement, ce service suppose tout d'abord qu'on sache répondre aux *vrais besoins des gens*.

La parabole qui exprime le mieux son enseignement en la matière est celle du bon Samaritain (Lc 10, 10-37). Ses disciples doivent se faire prochains des autres en prenant l'initiative de découvrir les besoins de ceux-ci et en puisant dans leurs propres ressources pour leur venir en aide. Les premiers Pères de l'Église pensaient que ce texte décrivait le Seigneur en personne. En se faisant proche de tous les humains perdus, il est lui-même le bon Samaritain. C'est bien de cette façon que le présentent tous les récits évangéliques. Son cœur ne cesse de répondre aux appels des autres. Il va même parfois au-devant de leurs attentes sans même qu'ils aient à les lui dire, ainsi qu'on le voit par exemple dans le miracle de Cana (Jn 2, 1-11) ou quand il ressuscite le fils de la veuve de Naïm (Lc 7, 11-15).

Il n'hésite pas même à remettre en question certains points de la loi juive quand ceux-ci l'empêchent de venir en aide aux gens. Il déclare que « le sabbat est fait pour l'homme, et non l'homme pour le sabbat » (Mc 2, 27). Les lois religieuses, comme toutes les lois, n'ont d'autre raison d'être que le service réel de gens bien réels. Si la première obligation de conscience est de répondre à leurs besoins, il faut veiller à ce que les règlements jouent en faveur des personnes, plus que de se préoccuper de les faire respecter pour eux-mêmes.

Du fait qu'ils se considèrent eux-mêmes comme des personnes vouées au service, les DEUX n'auront donc aucun mal à se retrouver dans tous ces exemples que nous a laissés Jésus. Leur souci, c'est d'aider les autres, de faire tout ce qu'ils peuvent en ce sens. Ils sont sans cesse à se régler sur les sentiments des autres, cherchant à tenir compte de chacun. Ce qu'ils considèrent comme le plus important dans leurs relations avec les autres, même dans les réunions officielles, c'est la forme de relation aux autres, celle qui leur permet de leur apporter chaque jour un peu plus de soleil.

Un piège : se suspendre aux autres

Dans leur désir d'aider les autres, les DEUX ont une compulsion à ne pouvoir entrer en relation avec les autres qu'en les mettant dans leur dépendance. Le service qu'ils rendent devient une façon de s'accrocher à eux et d'attirer leur attention sur eux-mêmes. Ils ont tout simplement besoin que ces autres aient besoin d'eux. Ils rêvent qu'on les apprécie. Même s'ils ne le perçoivent pas, ils sont mus par une sorte d'*égoïsme* rampant. Signe caractéristique : le vif mécontentement qu'ils éprouvent si les autres ne remarquent pas ce qu'ils ont fait pour leur plaire.

Cette préoccupation de *gagner l'amour* des autres en se

dévouant et en se donnant du mal pour eux s'accompagne chez eux d'un refus de reconnaître leurs propres besoins. Ils déclarent ne vivre que pour rendre les autres heureux. En fait, ils ne peuvent vivre que si les autres attendent d'eux quelque chose qu'eux seuls peuvent donner. Si jamais ils découvrent que les personnes importantes pour eux s'en tirent très bien sans eux, ils se sentent frustrés, vexés. Leur identité consiste à être nécessaires.

Étant donné que les grands idéaux, et en particulier les Évangiles, insistent sur le service des autres, les DEUX n'ont aucun mal à voir dans leur compulsion une façon de leur répondre. Convaincus d'agir par pure bonne volonté, ils en arrivent à une véritable *manipulation*, à seule fin de se sentir appelés au secours, donc au centre de l'attention. En fait, ils se les attachent, ce qui n'est sûrement pas une façon valable de les aimer.

Reconnaître ses propres besoins

C'est pure sagesse que de reconnaître qu'on ne peut jamais *gagner* l'amour des autres, qu'il s'agisse des hommes ou de Dieu. Car l'amour est par nature *don gratuit*. On n'aime pas quelqu'un parce qu'il vient répondre à vos désirs, ni parce qu'on en a besoin ; on choisit ou on refuse d'aimer. L'amour est quelque chose qu'on donne parce qu'on le veut alors qu'on aurait pu décider le contraire.

Selon l'Évangile, Dieu a choisi d'aimer tous les humains comme ses fils et ses filles. Ce n'est donc pas en faisant quelque chose pour lui qu'on gagne cet amour. Cette reconnaissance du caractère *gracieux* (gratuit) de l'amour que Dieu porte à chacun est ce qui permet de se croire *digne d'être aimé* pour ce que l'on est, plutôt que pour ce que l'on fait. C'est de cette sorte de foi en la faveur divine que les DEUX ont besoin. Ils seront alors capables d'admettre qu'ils ont eux-mêmes des besoins, et que Dieu souhaite les voir assez s'aimer eux-mêmes pour s'en soucier. Ils découvriront qu'ils n'est pas bon de ne penser qu'à ceux des autres. Ce serait tomber dans le piège consistant à ne rendre service que pour gagner leur affection. Seul le véritable amour de soi, celui par lequel on s'admet soi-même avec tous ses manques et par lequel on tâche d'y répondre, peut délivrer de cette centration sur soi donnant l'illusion qu'on ne vit que pour les autres.

Un des premiers besoins auxquels les DEUX doivent tenter de répondre, c'est celui d'une méditation solitaire qui leur permettra de réfléchir sur leurs relations aux autres et de se laisser pénétrer par la lumière divine. C'est une forme de prière qu'ils sont tentés de fuir, parce que, au plus profond d'eux-mêmes, ils ne rêvent que de passer leur vie à *agir pour les autres*, donc aussi « d'agir pour Dieu ». Ils sont instinctivement réticents à l'idée de laisser aussi bien Dieu que les autres faire quelque chose à leur place. Et comme la prière de méditation consiste à ne rien faire, elle les culpabilise. Mais la foi chrétienne consiste avant tout à croire que Dieu a le souci de nous. Toute l'histoire du salut repose sur ce que le Seigneur fait pour l'homme. Les DEUX ont donc besoin de réfléchir au vrai sens du salut, à la façon dont il vient changer leur vie, en particulier l'idée qu'ils se font d'eux-mêmes.

En découvrant en Jésus un modèle d'attention aux autres, ils auront donc à méditer sur sa façon habituelle de renvoyer les gens après les avoir gratifiés d'un miracle. De plus il évitait de les lier au nom de l'aide qu'il leur avait apportée. C'est ainsi que, quand le démoniaque guéri, par exemple, lui demande de rester avec lui et de se joindre au groupe de ses disciples, il refuse (Mc 5, 18 suiv.). Il guérit beaucoup d'autres malades, mais les renvoie de la même façon chez eux. Il leur dit souvent de ne rien dire de ce qu'il leur a fait. Par ailleurs, dans l'Évangile, il n'y a que très peu d'exemples d'interventions physiques en faveur de ses disciples. En ce qui les concerne, son souci essentiel est de renforcer leur foi et d'en faire ses témoins, capables de communiquer son message aux autres. Il cherche avant tout à leur faire saisir la relation existant entre ses actes, le Père et l'habitation de l'Esprit.

Il fait plus encore : il consacre beaucoup de temps à ses proches, leur faisant ainsi sentir combien ils comptent pour lui personnellement. Un des meilleurs exemples, c'est cette question qu'il renouvelle par trois fois à Pierre : « Pierre m'aimes-tu ? » (Jn 21, 15-17). Cela ne veut pas dire qu'il cherche à gagner leur amour par ce qu'il fait pour eux ; cela traduit son désir de *communion*, de partage mutuel du cœur. Jésus se donne lui-même pour les siens : c'est tout autre chose que de se tracasser pour ce dont ils ont besoin. Il est avant tout l'ami. C'est bien ce qu'il entend dire, quand il leur déclare qu'il leur a fait part de tout ce qu'il avait appris de son Père (Jn 15, 15). En retour, les disciples désirent simplement être avec lui. Au lendemain de la résurrection, ils trouveront une nouvelle manière d'exprimer leur désir de communier avec lui, en découvrant à quel point il est avec eux quand ils se rassemblent en son nom (Mt 18, 20). C'est ce qui justifie le temps qu'ils passent en prière, en méditation, en repas et en réunions en communauté : ils n'aspirent à rien d'autre qu'à baigner dans sa présence. C'est de cette expérience de communion que naît leur zèle à partager tout ce qu'ils ont découvert, ces richesses dont l'Esprit de Jésus leur a fait part. Et c'est ce qui peut aider les DEUX à prendre conscience de cette vérité fondamentale : *le véritable amour est finalement communion plutôt que geste de service.*

3

Jésus travaille pour réussir

Aux TROIS, on fera remarquer qu'on peut vraiment voir en Jésus le modèle de tous ceux qui travaillent pour réussir. Il a vécu pour sa tâche. Il a réfléchi à ce que pouvait être une stratégie du succès, et il a choisi des personnes précises pour jouer un rôle spécial dans son organisation, pour partager avec elles son autorité et ses pouvoirs, pour en faire des êtres responsables.

Tout au long de sa vie, il n'a eu qu'un but : l'édification du Royaume de Dieu. Pour atteindre cet objectif, il savait qu'il avait besoin d'un petit groupe bien soudé et hautement motivé. Après avoir rassemblé ses disciples, il les envoya deux par deux dans les villes où il comptait se rendre (Lc 10, 1 suiv.).

Jésus était continuellement sur le terrain. Pour les siens, c'était là chose très encourageante, et ils n'en étaient que plus loyaux envers lui. Saint Luc nous dit que certaines femmes prenaient « sur leurs propres ressources » pour soutenir le groupe (Lc 8, 3). Jésus était un bon vendeur ! Il savait fort bien s'exprimer, attirer l'admiration et se gagner des disciples. Il contactait tous les gens qu'il pouvait en profitant du moindre moment disponible. Il savait utiliser ses miracles pour faire progresser sa cause, insistant sur ce qu'on ne devait pas se contenter d'applaudir à ce qu'il faisait, mais qu'on devait y croire. Il entendait être efficace.

En dépit de l'immense popularité qui fut la sienne tout au long de son ministère, il n'en garda pas moins le souci de consacrer la plus grande partie de son temps aux siens. Il les avait choisis personnellement. Il veillait sur leur formation. Il savait que son œuvre supposait une organisation soigneuse dont les « douze » choisis à cet effet auraient un jour à se charger. En attendant ce moment où ceux-ci pourraient assumer cette responsabilité de foules nombreuses, il tenait à leur bien faire saisir ses perspectives et ses méthodes. Pour sa part, il limitait son intervention au petit territoire d'Israël, mais il les entraînait déjà à étendre son œuvre au monde entier. Il sentait son cœur se dilater d'enthousiasme à la pensée des nations qui viendraient un jour se soumettre à son enseignement. Encore fallait-il préparer le terrain. C'était une nécessité, s'il voulait assurer le succès de cette expansion mondiale.

Dans la mesure où les TROIS ont axé leur vie sur un but

bien précis, ils trouveront donc dans la personnalité de Jésus des traits qui ne manqueront pas de les inspirer. Quand d'autres leur feront valoir que la vie ne se limite pas à réussir, ils pourront rappeler que Jésus avait fait de son travail sa vie, allant jusqu'à sacrifier pour cela maison et famille. Même sur la croix, il refusait encore de se reposer, tant il n'aurait pas atteint tous ses objectifs. Ce n'est qu'alors qu'il put déclarer : « Tout est accompli » (Jn 19, 30) : et il rendit l'esprit.

Le piège des gens à succès

Le fait d'investir toute sa vie sur un but unique ne va pas sans danger. Cela peut conduire à sacrifier sa personnalité et sa vie privée. On ne mesure plus la valeur de l'existence qu'à la réussite. On néglige famille, amis intimes, activités culturelles. Dans la mesure où ils sont totalement voués au succès, les TROIS tendent à se servir des autres, ou même à les piétiner. Si une réunion, une conversation, semblent sans intérêt pour le but qu'ils poursuivent, ils s'y ennuient, incapables qu'ils sont de reconnaître la valeur d'une rencontre simplement voulue pour elle-même et l'importance du partage d'intérêts et d'expériences. Méconnaissant ce que c'est que de vivre en tant que personnes et désireux de toujours présenter leur travail comme quelque chose qui les emballe, ils finissent par en devenir comme des machines, toujours à réprimer leurs sentiments : affections ou craintes. Ils en arrivent à perdre totalement contact avec la vie ordinaire. Étant entièrement centrés sur leur but, ils ne remarquent même plus les souffrances des autres. Ils ne tolèrent plus leurs associés, leur reprochant de perdre leur temps, de ne pas suffisamment préparer les réunions, de ne plus se consacrer totalement aux buts poursuivis par l'organisation.

Quand quelqu'un identifie sa vie à son travail, toutes ses pensées, tous ses sentiments tournent autour du succès de son œuvre. Comment garderait-il encore dans son cœur un peu de place pour autre chose ? Que de talents restent alors en friche, quand ce ne serait que celui de faire plaisir aux autres, ou de s'exprimer soi-même de façon créatrice. La personne finit par se confondre avec ce qu'elle *fait* : « Je suis commerçant, directeur, employé, administrateur... » Les autres ne peuvent plus entrer en relation avec elle qu'en tant que *rôle*, mais non plus en tant que personne, unique. Et si un jour c'est l'échec, qu'une défaillance de santé vient soudain la forcer à la retraite, la voilà perdue, sans moyens et sans raison de vivre. En ôtant toute signification à sa vie, l'insuccès la tue.

Accepter l'échec

Jésus était extrêmement motivé. Or Dieu ne l'avait pas seulement appelé à de grandes réalisations, mais aussi à un *immense échec*. Celui-ci commença à devenir visible le jour où il nourrit cinq mille personnes dans le désert. Le fait que les gens aient pensé à lui pour le faire roi (Jn 6, 15) montre que, en dépit de ses enseignements, ils ne comprenaient rien à ce que lui considérait comme important. Il n'avait tout simplement pas réussi à les entraîner. C'est ce qui le conduisit à quitter la Galilée et à passer la plus grande partie du reste de sa vie en Judée, en particulier à Jérusalem, où il entra de plus en plus en conflit avec les chefs religieux. Il se sentait déchiré par son insuccès dans sa patrie. Il y réagit en devenant de plus en plus tranchant en public. Son problème n'était désormais plus celui de sa popularité : il était prêt à bien autre chose.

En acceptant ce dont la plupart des gens ont peur, l'échec, il s'est vraiment montré un exemple pour les TROIS. Jésus nous a fait voir combien il était important de ne jamais accepter de *sacrifier son intégrité personnelle* sous prétexte d'atteindre ses objectifs. Il aurait pu agir autrement. Il aurait pu faire fond sur le mouvement populaire pour se faire élire roi d'Israël. Il aurait pu se dire que, en devenant roi, il aurait davantage de possibilité pour promouvoir le Royaume de Dieu. Mais, ce faisant, il aurait succombé à la tentation du mauvais, ainsi qu'il l'avait dit à ses disciples en leur racontant son expérience du désert. Ce serait revenu à adorer le démon (Mc 4, 5-8). Le Messie aurait alors mésusé du pouvoir que Dieu lui avait donné. De même en va-t-il des TROIS. Du fait de leur volonté de succès, ils sont tentés d'accepter les compromis, donc non seulement de tromper les autres, mais de se tromper eux-mêmes. Au lieu de vouloir réussir *à tout prix*, ils doivent accepter de se livrer aux autres tels qu'ils sont, dût cela détourner les gens de ce qu'ils entendent promouvoir.

Ils ont donc à se rappeler que la fin ne justifie pas les moyens. L'immense valeur que la société accorde aujourd'hui au succès tend à obscurcir ce grand principe moral. On voit dans la guerre un moyen de garantir la paix, dans la violence celui de protéger les droits de l'homme, dans le mensonge celui d'assurer la sécurité nationale. Jésus a demandé de ne pas cacher ses intentions en recourant à des tactiques trompeuses. Il a insisté sur la loyauté, même au risque de l'échec des plans que l'on avait faits. Sa passion sur le calvaire montre à quel point il vivait selon son enseignement. Du haut de la croix, il constatait l'échec de pratiquement tout ce pourquoi il avait combattu, et il remettait alors son esprit entre les mains du Père (Lc 23, 46). Sa mort montrait son refus de sacrifier ses valeurs à son désir de voir son œuvre acceptée par les autres.

4

La sensibilité de Jésus

Les QUATRE trouveront en Jésus le modèle des gens méconnus. Celui-ci se plaignait souvent à ses disciples de l'incompréhension dont ils faisaient preuve à son égard.

Cela fait voir la profondeur de sa *sensibilité.* Son cœur vibrait aux émotions des autres, à leurs tragédies, à leurs soucis.

Dans ses récits, l'Évangile nous rapporte constamment les signes de l'immense compassion qui était la sienne, au spectacle de la veuve de Naïm par exemple (Lc 7, 13). Devant le tombeau de Lazare, il joignit ses pleurs à ceux de ses amis (Jn 11, 35), et il fut saisi de pitié à la vue de la femme courbée depuis dix-huit ans (Lc 13, 10-17). Dans ce dernier cas, il fut même saisi d'exaspération à entendre les leaders religieux prétendre qu'il n'aurait pas dû guérir la malade, puisque c'était le sabbat. Il leur reprocha d'avoir plus facilement pitié d'un bœuf que d'une femme.

Cette extrême sensibilité lui permettait de comprendre ce qui est si caractéristique des QUATRE : leur sens du drame et du symbole. Il avait une façon grandiose d'envisager l'accomplissement des Écritures, en déclarant par exemple que sa mise en croix serait semblable à l'érection du serpent de bronze par Moïse dans le désert (Jn 3, 14), où en entrant à Jérusalem sur un âne pour s'y manifester comme le fils de David (Mt 21, 6-8). Il percevait intensément le caractère triste et routinier de la religion dans laquelle il avait été élevé, le poids de son attachement à une loi censée ouvrir la route vers Dieu, alors qu'elle conduisait à négliger les lépreux parce qu'impurs, les prostituées parce que méprisables, et les femmes, privées de voix dans la société. Il se sentait immédiatement en relation avec les gens les plus sensibles, ceux qui étaient tout disposés à pleurer leurs péchés, telle la prostituée chez Simon le Pharisien (Lc 7, 36-50), ou la femme qui lui demandait de laisser tout au moins les païens ramasser les miettes tombées sous la table (Mt 7, 24-30). Il ne s'inquiétait pas de la réputation que lui valait cette façon de fréquenter des personnes fort distantes de la loi juive : elles aussi avaient un cœur et il s'y montrait toujours ouvert.

Les disciples de Jésus avaient grandi dans une religion de la loi plutôt que du cœur. Pour eux, Dieu, avant d'être un être d'amour, était quelqu'un qui commandait. C'est pourquoi ils restaient si étrangers à l'enseignement de Jésus, dont l'essentiel se fondait sur la bonté. A Béthanie, ils font preuve d'insensibilité totale devant la femme qui vient répandre du parfum sur ses pieds (Mt 26, 6-13). Pour eux, c'est du « gaspillage » ! N'aurait-on pas pu vendre ce parfum et en donner l'argent aux pauvres ? Devant leur réaction, Jésus ressent profondément leur incompréhension. Mais eux ne se rendent pas compte à quel point il a le cœur lourd. Il va bientôt mourir, et voilà qu'ils se moquent de ce geste d'amour ! Il se lève pour défendre le geste de cette femme, en affirmant qu'on rappellera jusqu'à la fin des temps ce qu'elle vient de faire.

Au cours de sa passion, quelle tristesse ne fut pas la sienne, en découvrant à quel point les siens se montraient insensibles à sa souffrance, non seulement d'avoir à constater la faillite de l'œuvre de sa vie, mais aussi d'avoir à affronter l'étonnante haine de ceux qui l'avaient arrêté. Lors de la dernière Cène, il avait tenté de leur faire voir quelle peine immense il avait à les quitter. Puis, à Gethsémani, à l'heure où il avait senti s'abattre sur lui l'angoisse, il avait vu comment Pierre, Jacques et Jean dormaient à quelques pas de l'endroit où lui-même « suait du sang » (Mt 26, 36-40 ; Lc 22, 44).

Le piège de la mélancolie

L'épreuve des QUATRE, c'est la mélancolie. Non seulement ils sont hypersensibles, mais ils ne cessent de ruminer épreuves et malheurs. Ils ont le sentiment d'être à part, méprisés, abandonnés des autres. Ils se sentent méconnus.

Ils ont alors tendance à poser. Ils se sentent fiers de leurs goûts supérieurs, de la façon raffinée dont ils perçoivent joies et peines. Ils se donnent un « genre », ne cessant de répéter leur rôle devant les autres. Leur grand souci, c'est de faire étalage d'un « style » qui fera reconnaître leur caractère unique. Ils s'imaginent que les autres sont incapables de faire preuve d'autant de classe et de raffinement. Tout cela leur donne une allure de personnes un peu irréelles, qui affichent des sentiments qu'elles n'éprouvent pas réellement.

Ils sont enclins à s'apitoyer sur eux-mêmes pour faire croire aux autres qu'ils sont accablés d'événements tragiques. Ils ont l'impression que les autres ne comprennent pas ce par quoi ils ont dû passer. En dépit de leurs soupirs, ils sont incapables d'ouvrir réellement leur cœur aux autres, puisqu'ils sont a priori persuadés que personne ne peut les comprendre. C'est pourquoi il est en réalité difficile de devenir leur ami.

Éviter de s'apitoyer sur soi-même

Comme les QUATRE, Jésus n'a cessé d'être accablé de peines. Mais il n'a jamais sombré dans la mélancolie, ni ne s'est laissé envahir par la tristesse. Il se refuse à jouer un personnage tragique, mais s'affirme au contraire comme le fils de l'homme triomphant. S'il parle à ses disciples de sa passion et de sa mort prochaines, il leur annonce aussi sa résurrection (Mc 8, 31). Il n'a rien de quelqu'un vivant dans l'attente de sa fin : ce à quoi il aspire, c'est au « baptême », par lequel il vient sauver le monde, en ouvrant à tous la route de la vie. C'est pour les autres qu'il affronte ses souffrances et sa mort. Apparemment, bien sûr, le « principe de ce monde » va l'emporter (Jn 14, 30) ; mais ce ne sera qu'une victoire de courte durée. Et lui, Jésus, vaincra finalement le mal et la mort.

Mais, lorsqu'il évoque devant ses disciples cette route qui conduit de la mort à la vie, les siens refusent de le suivre. Ils ne veulent rien savoir d'un Royaume de Dieu survenant de cette façon. Il est dit que Pierre prit Jésus à part pour lui reprocher ses paroles : « Ceci ne se produira pas » (Mt 16, 22), comme si ses disciples étaient capables de détourner ses ennemis de lui faire du mal. Mais c'est avec colère que Jésus réagit à ces paroles : ce que Pierre lui disait était directement contraire au projet de Dieu, tel que lui-même le voyait. Il se retourna alors vers ses disciples pour leur rappeler combien ils devaient être prêts à souffrir comme il aurait lui-même à le faire (Mt 16, 23-26). Ainsi se refusait-il à jouer au personnage tragique enfermé dans la solitude : chargés de faire advenir le Royaume de Dieu en ce monde, ses disciples auraient, eux aussi, à se montrer prêts à donner leur vie par amour pour lui.

Prenant conscience de la conspiration contre lui, Jésus se refuse à la fuir en se cachant avec les siens. Tout au contraire, il se présente ostensiblement au public. Il vient à Jérusalem faire face à ses adversaires, n'hésitant pas à se faire reconnaître, à se lancer dans des discussions publiques. Au lieu de remâcher avec amertume l'opposition à laquelle il se heurte, l'incapacité des autres à reconnaître le bien fondé de sa cause et son innocence, il se montre ouvertement en public aussi longtemps qu'on lui en laisse la liberté (Jn 12, 35). Puisqu'il ne peut toucher leur *cœur* en les guérissant miraculeusement, il s'efforce tout au moins de toucher leur *esprit* par la logique. Bien que n'ayant jamais fréquenté aucune école de l'élite, il a toute l'acuité d'esprit d'un maître. Devant le regain d'activité de ses adversaires, il réplique donc en redoublant son activité d'enseignement dans la cour du Temple, au cœur même de Jérusalem.

La tristesse et la tendance à se plaindre des QUATRE les conduit souvent à sombrer dans la torpeur, ou même à s'accrocher avec désespoir à ceux dont ils attendent compréhension et protection. Jésus, lui, fait exactement le contraire, et cela au moment même où sa souffrance intérieure ne fait que croître. Il redouble d'activité en dehors même du cercle de ses amis choisis. Les derniers jours avant son arrestation et sa mort, au lieu de chercher en eux un support, c'est lui qui les supporte et les prépare au jugement imminent. Il se considère lui-même comme un berger qu'on frappera et dont les brebis risquent donc de se laisser disperser (Mc 14, 27). Il insiste sur la nécessité où elles seront de s'aider les unes les autres, en s'aimant comme il les a aimées (Jn 13, 33-35), une fois que lui-même aura physiquement disparu (Lc 22, 32).

Il laissera à ses apôtres son pouvoir de remettre les péchés, de guérir, de susciter chez tous une vie nouvelle. Il les charge d'exercer leur pouvoir à travers des gestes symboliques et des mots semblables aux siens. Ils ne devaient jamais oublier que c'était en posant ses mains sur les oreilles du sourd qu'il l'avait guéri (Mc 7, 33), en faisant de la boue avec de la salive et en l'apposant sur les yeux de l'aveugle qu'il lui avait redonné la vue (Jn 9, 6), ou en laissant une force s'échapper de lui qu'il avait redonné force à la femme venue toucher la frange de son vêtement (Lc 8, 44). Son désir, c'était de transmettre une religion de créativité et de sensibilité, et de voir les siens suivre son exemple. Ainsi redonnerait-il cœur à un monde qui semble souvent l'avoir perdu.

5

La sagesse de l'amour

Il est facile aux CINQ de s'identifier à Jésus, quand celui-ci insiste sur la nécessité de fonder sa vie sur la sagesse. Il aurait probablement été d'accord avec la déclaration de Socrate suivant laquelle « une vie sans réflexion ne mérite pas d'être vécue ». Lui-même n'a jamais cessé de méditer à la lumière de Dieu qui lui illuminait le cœur. Que de temps il passait à prier et à réfléchir, avant de partager ses découvertes avec ses disciples (Jn 15, 15). Toute sa vie était bâtie sur la vérité qu'il découvrait concrètement dans « les signes des temps » (Lc 12, 56), une découverte qu'il invitait aussi les autres à faire. Il leur enseignait que pour entrer dans le Royaume de Dieu, il ne suffisait pas d'en accepter la doctrine telle que d'autres la transmettaient ; il fallait vraiment la faire sienne en découvrant l'intervention de Dieu dans les événements présents de l'histoire.

Réfléchissant sur son expérience avec les gens, il percevait à quel point leur vie était vide, fausse, décevante. Il voyait bien que, pour vivre vraiment de façon religieuse, ceux-ci devaient apprendre à distinguer ce qui était important aux yeux de Dieu de ce qui ne l'était pas, donc à établir des *priorités* : le récit du Sermon sur la Montagne nous en fournit le résumé (Mt 5-7). Jésus explique qu'elles constituent le roc solide de la sagesse sur lequel on peut bâtir sa vie. Ceux qui l'écoutaient découvraient toute la fraîcheur de son enseignement, tant il parlait d'expérience et avec conviction. On disait de lui qu'il enseignait avec autorité, et non pas comme les autres maîtres de la loi, toujours à se réfugier derrière des citations (Mt 7, 29). Il appelait ses adversaires à reconnaître en lui la source de la vérité et d'une vérité qui les rendrait libres (Jn 8, 31).

Jésus tenait aussi du type CINQ par sa concision de pensée : « Ne jugez pas, et vous ne serez pas jugés » (Mt 7, 11) ; « Beaucoup sont les premiers qui seront les derniers » (Mc 10, 31) ; « Mon joug est aisé et mon fardeau léger » (Mt 11, 30). Il aimait les symboles et les analogies, provoquait les gens à penser en images, quand il disait par exemple à ses disciples d'éviter le « levain » des Pharisiens (Mc 8, 15), de tenir « leurs reins ceints » pour sa venue finale (Lc 12, 35), ou quand il leur expliquait que sa « nourriture » était de faire la volonté de Dieu (Jn 4, 34). Il inventait des moyens originaux de communication des vérités qu'il avait découvertes dans sa méditation, et il promettait à ses disciples qu'ils feraient eux-mêmes l'expérience d'une créativité aussi débordante, pour le plus grand bénéfice des autres (Jn 7, 37). C'était vraiment un homme de sagesse, un authentique *gourou* qui initiait ses disciples à la découverte d'une vérité à travers laquelle Dieu pouvait leur parler directement au cœur.

Le piège de l'abstraction

Dans leur recherche de l'intelligence dans l'étude et la réflexion, les CINQ courent le risque de sombrer dans l'abstraction. Ils répugnent à s'engager dans des groupes, à participer à ces activités sociales, et il leur arrive même d'être cyniques au sujet des gens dont ils perçoivent la platitude de propos et l'absence de réflexion sérieuse et de logique. L'acquisition de la sagesse requiert beaucoup de temps, et les CINQ ont du mal à sacrifier celui-ci aux autres. Ils disent souvent qu'ils n'aiment pas les soirées, parce qu'ils les trouvent ennuyeuses et superficielles. Quand ils y prennent part, ils restent enfermés dans leurs pensées et ils présentent ainsi un extérieur apparemment indifférent ou même glacial. Donnant l'impression qu'ils en savent plus qu'ils ne le disent, ils restent sur la réserve, et les autres ressentent difficilement leur calme.

Ils ne sont pas toujours calmes. Quand on les invite à présenter leurs pensées, ils savent le faire avec beaucoup de clarté. Leur exposé touche au petit traité, avec ses têtes de chapitres. Ils finissent par en énerver les gens, et ceux-ci ne les écoutent plus. Ils ont alors le sentiment qu'on ne sait pas apprécier ce qu'ils ont à dire, et ils battent en retraite, s'enfermant de plus en plus dans leurs pensées.

Un penseur qui se soucie des autres

En dépit de son penchant pour la méditation, Jésus évite soigneusement de tomber dans le piège du CINQ. Il commence son ministère et en se constituant un groupe d'amis avec lesquels il partage toutes les découvertes intimes que Dieu suscite en lui (Jn 15, 15). Même s'il prend souvent ses distances en se retirant dans des lieux solitaires, il ne fait montre d'aucune impatience quand ils viennent l'arracher à sa solitude (Lc 1, 35-38), sans doute parce qu'il leur était reconnaissant de se montrer disciples si fidèles.

Il ne cherchait pas à communiquer d'un seul coup tout ce qu'il pensait. Sa pédagogie comportait une approche graduelle, pas à pas. C'est bien ce que fait voir son enseignement sur l'amour du prochain, le cœur de son Évangile. Il commença par rappeler aux siens que les commandements de l'Ancien Testament se résumaient en deux principaux, l'amour de Dieu et celui du prochain (Lc 10, 25-28). Puis il précisait que l'obligation d'aimer le prochain était « semblable » en tout à celle d'aimer Dieu (Mt 22, 39), finissant ainsi par suggérer qu'on devait aimer l'autre pour aimer Dieu. Il conduit alors les siens à s'inquiéter de savoir quel est le prochain à aimer : c'est quiconque est dans le besoin, quelle que soit sa race. Il leur dit de se faire eux-mêmes prochains, de partir à la recherche de ceux qui sont dans le besoin (Lc 10, 30-37). Ses disciples découvrent alors qu'en se mettant au service des autres, ils font preuve d'amour envers Jésus lui-même, et que c'est là le critère pour être comptés parmi les justes lors du jugement final (Mt 25, 31-46). Avant de mourir, Jésus ajoute à ce commandement de l'amour du prochain ce qu'il appelait son « nouveau commandement », celui de s'aimer les uns les autres comme il nous avait aimés ; il déclare que c'est à cela qu'on les reconnaîtrait pour ses disciples (Jn 13, 44 suiv.). Finalement, il supplie son père d'unir ses disciples en les rendant un, comme lui et le Père sont un. Pour lui, c'est grâce à cette unité de foi et d'amour que le monde pourra croire qu'il est vraiment envoyé de Dieu (Jn 17, 20-23). Après avoir entendu cet enseignement, les disciples le retinrent... comme au lendemain de la résurrection, le premier souci de l'Église apostolique fut bien de montrer qu'elle l'avait compris et assimilé (cf. 1 Th 3, 12 suiv.).

Aux gens auxquels il s'adressait dans les rues et dans les synagogues, Jésus se gardait bien de présenter un catéchisme. Il racontait des histoires sous forme de paraboles. Ce ne devait pas être toujours facile pour lui de commencer par écouter ses interlocuteurs en leur laissant découvrir eux-mêmes le sens de ses paroles et en faire l'application dans leur vie. Il lui fallait cependant s'adapter à eux pour leur permettre de se mettre à son écoute. Les gens ne prenaient certainement pas de notes, mais comment oublier l'histoire ? Ceux qui l'avaient entendue ne manqueraient pas de la rapporter à d'autres, après en avoir reconnu la sagesse profonde. Encore veillait-il personnellement à ce que ses disciples entendent bien le sens de ses dires. Quand ils ne les comprenaient pas, il ne cachait pas sa déception (Mt 13, 14-16). En véritable sage, il tenait à leur retransmettre son savoir, mais il n'en fait pas moins preuve de patience. En maître capable de s'adapter, il parle un langage simple, on peut même dire populaire, si on le compare avec celui de Paul qui, de son côté, n'hésitera pas à commencer une lettre par une synthèse du projet de Dieu sur la création depuis l'origine des temps (Ep 1).

Réellement soucieux des gens et les aimant tels qu'ils sont, il ne succombe absolument pas à la tentation des CINQ : il n'a rien du penseur lointain et suffisant. Il est toujours prêt à reprendre son explication. Il encourage les autres à lui poser des questions. Il les écoute avec calme et sérieux, même si elles peuvent lui paraître stupides, comme c'est le cas au moment de l'Ascension, lorsque ses disciples lui demandent s'il va bientôt restaurer le Royaume d'Israël (Ac 1, 6). Un CINQ en aurait sauté en l'air, ce qui aurait été une fort mauvaise manière de prendre congé. Mais lui ne voyait dans la question rien d'autre qu'un moyen de communiquer quelque chose. C'était bien ce qu'il avait déjà montré, en parlant du bord du puits à la Samaritaine : il n'avait cessé de la conduire à approfondir ses questions, pourtant au départ totalement absurdes. En poussant son dialogue avec elle, ce qui avait certainement dû éprouver sa patience, il l'avait finalement conduite à exprimer sa foi au Messie, puis à découvrir qu'il était lui-même ce Messie.

Il peut paraître surprenant de constater que, dans l'Évangile, on met davantage l'accent sur ses miracles que sur le contenu de son enseignement. L'évangéliste déclare : « Pendant qu'il était en train de parler, arriva quelqu'un... », et il se met à raconter une guérison. En fait, le miracle est une façon de présenter l'*enseignement*. C'est à travers l'intervention de Dieu dans les événements de leur vie que les gens découvrent celui-ci. Le sage n'est pas celui qui se contente de collecter des connaissances : c'est celui qui *découvre la vérité*, en entrant dans un processus d'apprentissage de la vie. Pour le faire comprendre, Jésus avait un don qu'il retransmettait aux gens en les rendant capables d'en faire eux-mêmes la découverte. Vivre selon la sagesse suppose qu'on sache se rendre présent à tout et à tous, prêt à découvrir partout la révélation de ce don qu'est l'amour divin. La vie est le meilleur maître.

Chacun est ainsi appelé à découvrir dans sa propre vie la façon dont se manifeste la grâce divine, et à devenir ainsi comme une porte ouverte sur une salle plus vaste où chacun peut se mouvoir en toute liberté. Cette façon d'entrer dans le Royaume de Dieu est semblable à la découverte d'une vie nouvelle au cœur même de la vie présente. Mais il faut que chacun participe au mystère de la vie, au lieu d'en rester simple spectateur.

Cette sagesse est une invitation adressée aux hommes à garder « les reins ceints », donc à vivre le moment présent dans l'attente de la venue du don de Dieu : un don qui à la fois enseigne et corrige, stimule et redonne force, surprend et rassure. Elle vient rappeler aux CINQ que, s'ils la désirent vraiment, il leur faut cesser de rester à distance : le Royaume de Dieu arrive dès maintenant ; en prétendant éviter de s'engager dans l'histoire, on court finalement le risque de tout perdre. Refuser de se laisser saisir dans des événements, c'est refuser d'en saisir la profondeur, donc manquer à la sagesse divine.

6

La loyauté de Jésus

Les SIX insistent sur la loyauté envers le groupe, que ce soit la famille, l'Église ou une entreprise commerciale. En cela, ils trouveront un modèle en Jésus. Au cours de sa vie publique, celui-ci mit toute son énergie au service de la vie religieuse et sociale de son peuple. Comme put le dire Caïphe, non sans ironie, il vaut mieux qu'un seul meure plutôt que la nation tout entière. L'Évangile commente cette affirmation en montrant comment, de fait, Jésus mourut pour ramener à l'unité les enfants de Dieu dispersés (Jn 11, 49-52).

Si Jésus se dévoua ainsi à la cause des siens, ce fut par loyauté envers Dieu. C'était celui-ci qui l'avait envoyé pour réaliser la promesse faite à son peuple choisi, aux Juifs. Il voyait dans sa vie une façon d'accomplir les Écritures, avec toutes leurs exigences. Il ne se comprenait simplement que comme le fidèle serviteur du Seigneur.

Comme il le disait, il n'était pas venu pour être servi mais pour servir « et pour donner sa vie pour un grand nombre » (Mc 10, 45). Bien que son cœur ait été ouvert à la totalité des nations, il se contenta de rester fidèlement *don de Dieu à Israël* ; c'est à ses apôtres qu'il confia la mission auprès des païens. Entendant dire que des Grecs souhaitaient entrer en contact avec lui, il n'envisagea pas un instant d'en profiter pour fuir avec eux et échapper ainsi à son arrestation imminente ; il ne fit qu'y voir un signe que les temps étaient arrivés de se livrer lui-même à la mort (Jn 12, 20-33), car les Écritures lui avaient fait comprendre que l'offrande de sa vie en sacrifice à Dieu était la condition nécessaire pour la transmission du salut aux nations.

Jésus se montra fidèle, non seulement aux Écritures, mais à toute la loi juive. Il put affirmer que personne ne pourrait le convaincre d'un seul péché (Jn 8, 46) et, devant le sanhédrin, malgré tous leurs efforts, ceux qui l'avaient arrêté ne purent jamais trouver aucune preuve de sa culpabilité : ils durent s'appuyer sur de faux témoins qui faussèrent ses paroles en disant qu'il voulait détruire le temple (Mc 14, 58), s'opposait au paiement des taxes à César et se prétendait roi (Lc 23, 2).

Jésus fit tout particulièrement preuve de sa fidélité envers ceux qui lui étaient les plus proches. C'est pour se consacrer à ses disciples et leur donner tout son temps qu'il avait quitté sa maison, son atelier de charpentier, tous ses biens. Il disait que c'était pour eux qu'il donnait sa vie : « Il n'y a pas de plus grand amour que de donner sa vie pour ses amis. Vous êtes mes amis... » (Jn 15, 13 suiv.).

Sur la croix, à la vue de sa mère en pleurs, il manifesta sa loyauté de fils en demandant à Jean, le disciple bien aimé, de prendre sa place auprès d'elle, après sa mort (Jn 19, 25-27). Ce n'est qu'après avoir ainsi rempli toutes ses obligations qu'il se laissa enfin mourir (Jn 19, 30).

Légalisme et autojustification

Dans leur souci de loyauté, les SIX sont souvent tentés de sombrer dans le légalisme. Ils tendent à considérer que le respect de la loi est une fin en soi, et non plus un simple moyen en fonction d'un but. Ils ne voient dans la vie qu'une façon de satisfaire à des exigences. Pour eux, la morale et la religion consistent avant tout à observer les commandements. Ils en arrivent même à ne plus voir la relation à Dieu que sous forme d'obéissance à ses prescriptions.

La raison ultime de cette vision religieuse centrée sur l'observance extérieure de la loi, c'est un besoin de *sécurité*. Ils croient en effet que leur obéissance les autorise à prétendre avoir droit à la bénédiction divine, donc à se croire assurés du salut. Ce légalisme constitue un véritable piège, celui de l'*autojustification*. La soumission aux commandements leur donne un sentiment de sécurité, tandis que le plus petit manquement les plonge dans l'inquiétude. D'où leur difficulté à admettre la moindre culpabilité. Si quelqu'un les laisse à penser qu'ils ont commis la moindre négligence, qu'ils ont manqué à leur responsabilité, ils s'en défendent avec violence en accusant les autres de fautes plus graves encore.

Outre leur strict respect des lois écrites, les SIX cherchent aussi à se rassurer en obéissant aux représentants de l'autorité. Lorsque certaines circonstances rendent difficile de savoir que faire, ils préfèrent de beaucoup se soumettre à un avis extérieur. Ils se pensent ainsi certains de faire ce qui est juste. Ils ont l'impression que, tant qu'ils ne font qu'obéir à un supérieur, Dieu lui-même ne saurait leur reprocher aucune faute.

L'esprit de la loi

Jésus était loin de se sécuriser par une observance extérieure de la loi. Pour le Nouveau Testament, les lois ne sont que des moyens, seule compte une véritable relation avec Dieu. Ce qui importe, c'est d'observer « l'esprit » et non la « lettre ». Chez Paul, c'est une distinction fondamentale. Il rappelle comment le Christ nous a délivré de l'*esclavage de la loi*, et il tient à ce que nous restions libres (Ga 5, 1). Celui qui ne pense plus sa relation à Dieu qu'en terme d'obéissance aux commandements fait de ceux-ci un but, ce qui finit par constituer un véritable obstacle à cette relation même ; il en arrive à méconnaître la grâce divine. Ainsi que l'affirme Paul : « Si c'est par la loi que nous sommes justifiés, c'est en vain que le Christ est mort » (Ga 2, 21).

Que signifie l'affirmation selon laquelle ce qui compte, ce n'est pas la « lettre de la loi » mais son « esprit » ? Vivre selon la lettre, c'est croire que *ce qui détermine notre relation à Dieu*, c'est l'observance des commandements. Vivre selon l'esprit, c'est reconnaître que notre relation à lui repose sur autre chose que sur la soumission. Si les SIX ne se soucient que d'obéir, c'est à cause de leur compulsion à ne voir dans la vie qu'une façon de répondre aux exigences des autres et de ne juger des autres qu'en fonction de ces exigences. C'est vrai : le combat que mène constamment saint Paul pour rappeler ce qui est seule vraie « cause de la justification », ce qui met vraiment l'homme en relation à Dieu, constitue un des points les plus délicats de la doctrine chrétienne. Mais cette difficulté tient pour une large part à la tendance des chrétiens à interpréter la religion et la morale en fonction du schéma des SIX. Pour tous ceux qui voient d'abord en Dieu celui qui pose la loi, le légalisme est évidemment le point de vue le plus logique. Mais Jésus est venu nous révéler le véritable visage de ce Dieu, celui d'un père aimant.

Celui qui respecte, non la lettre de la loi, mais son esprit, échappe donc à une double erreur, la première portant sur la morale, la seconde sur la religion.

Faire de la loi une fin en soi ne peut conduire qu'à la faute morale. Car cela oblige à attribuer la même importance à toutes fautes, puisqu'elles sont toutes également actes de désobéissance envers le législateur. Jésus s'est constamment élevé contre ce nivellement. Il n'a cessé de rappeler les priorités : ce qui compte avant tout, c'est l'amour de Dieu et du prochain. Il reprochait aux Pharisiens d'ignorer cet ordre des choses dans leur observance de leurs lois morales et religieuses. Il les accusait de négliger l'essentiel, la justice, la miséricorde, la sincérité, en concentrant leur attention sur des détails tels que la dîme sur la menthe, le fenouil et le cumin (Mt 23, 23). Il leur reprochait de « filtrer le moucheron et d'avaler des chameaux » (Mt 23, 24). Il ne leur demandait pas de renoncer à leurs pratiques, mais de les situer à leur juste place, et donc de reconnaître le caractère prioritaire de certaines obligations essentielles. En cela, saint Paul ne fit que se montrer son fidèle disciple, insistant sans cesse sur la primauté de l'amour. Ainsi qu'il le déclarait : « Toute la loi se résume en un seul commandement : aimer ton prochain comme toi-même » (Ga 5, 14).

Voir dans l'observance de la loi un but en soi, c'est aussi faire une erreur *religieuse.* La véritable religion nous sauve en nous rétablissant dans une authentique relation à Dieu, en nous *unissant* à lui. Le mot même de « religion » vient du terme latin *religare*, « relier ». La religion implique qu'on se relie à Dieu, qu'on entre en relation avec lui sur la base de la confiance. Celui qui voit dans l'observance de la loi le vrai moyen de s'assurer de cette relation en arrive à faire de l'obéissance formelle l'essentiel. Mais, selon le Nouveau Testament, la relation n'est authentique que si on se confie à Dieu en raison de l'amour qu'il nous a révélé et manifesté en Jésus, et non parce qu'on se soumet à sa loi. C'est l'amour de Jésus qui est la cause de notre salut, en suscitant l'adoption divine. Comme le dit Paul, « Dieu a envoyé son fils, engendré d'une femme, né sujet de la loi, afin de nous racheter de la servitude de la loi et nous rendre capables de devenir des fils adoptifs » (Ga 4, 4 suiv.). L'apôtre continue en affirmant que, puisque nous sommes fils (et filles), nous sommes destinés au salut, car Dieu veut nous transmettre tout ce qui appartient à l'héritage du Fils (Ga 4, 6 suiv.).

Ce message de salut vient donc corriger l'erreur fondamentale des SIX concernant les exigences de la loi. Le salut ne se fonde pas sur les actes qu'une personne pose en raison de ses responsabilités. Il leur est antérieur. Il repose sur une renaissance comme fils ou comme fille de Dieu. On n'entre vraiment en relation à Dieu qu'en acceptant ce lien à lui comme Père et en répondant avec un amour et un dévouement correspondant à cette relation nouvelle. L'obéissance à la loi reste importante, mais on ne doit la voir que comme un moyen de mettre en œuvre le commandement d'aimer Dieu et son prochain. La source réelle du salut, c'est l'intervention de Dieu qui vient nous adopter : c'est elle qui crée notre relation à Dieu.

7

Jésus, un optimiste

Les SEPT apprécient de voir Jésus savoir prendre du plaisir à se retrouver avec ses amis. Il suffit de penser à la surprise de ses apôtres, lors de la soirée au bord du lac, après la seconde pêche miraculeuse, au lendemain de sa résurrection (Jn 21) : ils s'attendaient manifestement à voir Jésus leur reprocher d'être partis pêcher, au lieu de remplir leur devoir de missionnaires. Sans doute Jésus vient-il les reprendre, mais en prenant part à leur pêche. Ils lui ont crié qu'ils n'avaient rien pris de la nuit, et voici qu'il leur indique où jeter leurs filets. Le fait que l'Évangile rapporte le chiffre exact des prises, cent cinquante-trois poissons, montre que, avant de coucher par écrit l'histoire, on avait dû se la raconter maintes et maintes fois, pour la plus grande joie des auditoires de premiers chrétiens[2]. L'invitation que Jésus adresse aux siens d'apporter quelques-uns de leurs poissons à ceux qu'il a lui-même mis à cuire est comme un appel à joindre leurs efforts à ceux de Jésus pour « pêcher des hommes » (Mc 1, 12). Pour lui, c'était certainement une façon amusante de leur donner une leçon.

Jésus avait toujours plaisir à passer un bon moment avec les siens. Ses adversaires l'accusent d'aimer le vin et d'être à l'opposé du prophète de type ascète, sur le modèle de Jean-Baptiste (Mt 11, 18 suiv.). Jésus répond en comparant ses amis aux hôtes d'un festin de noces : le moment de la fête n'est pas celui de la tristesse (Mt 9, 15) ; ce que lui-même avait déjà bien montré lors des noces de Cana. En changeant en vin six grandes jarres d'eau, chacune d'elles d'une contenance de 120 litres, il donnait un signe de l'irruption du Royaume de Dieu en sa personne et en son

2. Au temps de Jésus, on fixait le nombre d'espèces connues de poissons à 153. (N. d. T.)

action (Jn 2, 1-11). Il rappelait ainsi les prophéties de l'Ancien Testament selon lesquelles les signes de la venue du Messie consisterait en abondance de nourriture et de vin, comme l'affirme par exemple Isaïe 25, 6 : « Sur cette montagne, Yahvé Sabaoth préparera pour tous les peuples un banquet de riches nourritures, un banquet de vins fins et de viande succulente, de vins filtrés. »

Jésus n'a aucun mal à prendre plaisir à ces signes du Royaume de Dieu. A la fête de Cana, il en rajoute, en prodigant du meilleur vin. Il aime dire que le Royaume de Dieu est semblable à un éternel festin de noces (Mt 22, 2), et il n'hésite pas à prendre totalement part à cette anticipation du ciel.

Il manifeste aussi cette « abondance messianique » en multipliant les cinq pains et les deux poissons pour nourrir cinq mille personnes dans le désert (Mc 6, 35-44). En faisant ramasser les restes du repas : douze corbeilles, il veut donc donner à ses disciples le signe de la venue du Royaume de Dieu (Mc 8, 19-21). Comment ceux-ci peuvent-ils s'inquiéter ensuite de n'avoir pas pris assez de pain pour leur voyage ? Ce qui était arrivé précédemment n'était-il pas une raison suffisante pour faire confiance en la Providence et pour croire qu'il y aurait toujours assez pour vivre ? La présence de Jésus est à elle seule une garantie de nourriture sans fin, de joie éternelle (Jn 6, 54). Ce n'est alors pas par hasard que les chrétiens recourront par la suite à un repas de pain et de vin pour rendre grâce à Dieu. Cela ne fera que manifester le caractère joyeux d'un culte qui ne saurait se confondre avec une simple négation de soi.

Les SEPT n'auront aucun mal à s'attacher à la personne de Jésus, cet homme qui appréciait de tout cœur les bonnes choses en y voyant un signe de la promesse divine. Son style de vie montrait que le Royaume de Dieu n'est pas seulement une réalité à venir, mais qu'il est déjà là, à notre disposition, même si c'est de façon encore imparfaite. Il faut se réjouir ensemble des dons de Dieu à son peuple. Si on n'a aucun plaisir à vivre, comment pourrait-on rendre attrayante notre annonce du Royaume tel que Jésus le présente ?

Le problème de la souffrance

Du fait de leur attrait pour le plaisir, les SEPT éprouvent une difficulté bien réelle à accepter la souffrance. Ils se donnent le plus grand mal pour éviter tout ce qui les gêne. Ils s'efforcent de fuir tous les conflits, et de ne voir jamais ce qui leur plaît. Ils cachent la poussière sous le tapis et mettent un vernis de paix sur tout. Ils ont tendance à toujours remettre les choses au lendemain et, au lieu de boucler tout de suite ce qui leur déplaît, ils le renvoient à plus tard : au lieu de mener à bien les projets qu'ils ont entamés, ils se mettent à en faire de nouveaux. Quand les choses ne se passent pas selon leurs plans, ils deviennent grognons et irritables. Leur refus de tout sentiment de déplaisir les rend plus complaisants encore envers tout ce qui peut leur apporter du plaisir.

Trouver la sécurité au présent

Un tel besoin constitue vraiment un piège. Ce que les SEPT cherchent dans le plaisir, c'est une sécurité accrue. La façon dont Jésus approchait le problème de la souffrance est infiniment plus réaliste. Il pouvait constamment puiser son assurance dans le moment présent, rejoignant ainsi l'enseignement de Jean-Baptiste : « Le Royaume de Dieu est parmi vous » (Mt 3, 1 ; 4, 17). Tel était son message central, parce que c'est le cœur du Royaume de Dieu. Certes, nous jouirons davantage de celui-ci dans l'avenir que présentement, mais le seul moyen dont nous disposons pour nous préparer à cette joie future est de rester disponible au moment présent. Le Royaume est en effet semblable à une graine qui grandit, parce que plantée ici et maintenant. Il est vrai que le présent peut être douloureux, sombre, menaçant ; mais, quel qu'il soit, il est signe et préparation de la joie future telle que Dieu nous la prépare. Avant cette joie, c'est souvent la tristesse : la graine doit mourir avant de produire la moisson (Jn 12, 24) et une mère subit les douleurs de l'enfantement avant de donner naissance à l'enfant (Jn 16, 21). Quelle que soit la peine du moment présent, elle sera toujours moindre que la joie qui suivra. Ainsi que le rappelle saint Paul, quand les souffrances du moment présent seront passées, elles ne nous semblerons plus rien en comparaison de la « charge » de gloire éternelle qui sera alors la nôtre (2 Co 4, 17).

En attendant de trouver partout du plaisir, les SEPT font donc preuve d'irréalisme. L'important n'est sûrement pas d'éviter tout ce qui peut donner du mal. Quelqu'un peut avoir des raisons de dire qu'il aime changer les couches d'un bébé, mais pourquoi ne pas dire plutôt qu'un amour vrai ne se soucie pas de faire ce qui est en soi déplaisant ? L'essentiel est de voir qu'*il ne faut pas chercher à éviter à tout prix la souffrance.* A partir du moment où celle-ci apparaît comme le prix à payer pour un bien plus grand, elle cesse d'être un mal. Jésus a surmonté ses souffrances et sa mort en faisant preuve d'une espérance où il puisa courage et patience. Il souffrait *pour quelque chose* ; c'était sa manière de « donner la vie ». Il disait à ses apôtres que leur tristesse présente était une sorte de travail d'enfantement (Jn 16, 20-22). Celui qui s'efforce de fuir tous les désagréments en arrive à manquer la joie que peut apporter la créativité, avec tout ce qu'elle comporte d'effort pénible.

Saint Paul déclare que la création tout entière, dans son aspiration à échapper au mal, gémit dans les douleurs de l'enfantement (Rm 8, 18-22). La présence de Jésus ressuscité dans l'univers (Ep 4, 10) provoque la renaissance de celui-ci. Il faut les « gémissements », car l'irruption du futur glorieux suppose la souffrance de la croix. Chaque souffrance endurée avec patience devient comme une semence qui prépare la moisson à venir, celle du bonheur éternel. En aspirant à une vie meilleure, on peut intégrer tous les sentiments de manque et de vide dans le processus grandiose de restauration du paradis. Car nous retrouverons ce que nous perdîmes jadis, mais ceci à l'heure voulue par Dieu et à travers le mystère pascal de la mort et de résurrection. Ainsi les disciples de Jésus pourront-ils toujours tenir une réponse prête pour rendre compte de l'espoir qui les soulève (1 P 3, 15). Les difficultés mêmes peuvent engendrer l'endurance patiente, celle qui plaît aux yeux de Dieu, celle qui nous vaut de vivre dans une attente pleine d'espérance (Rm 5, 3-4).

8

Jésus affronte l'injustice

Les HUIT n'auront aucun mal à reconnaître en Jésus l'*homme fort.* Il n'y a qu'à voir la façon dont il traite les changeurs d'argent dans le temple (Jn 2, 13-17)[3]. Il a décidé de réagir violemment contre leur façon honteuse de tromper les pauvres en plein lieu sacré. Le fait qu'il lui suffise de brandir une corde pour les mettre en fuite laisse penser qu'ils n'avaient pas la conscience bien tranquille. Certes, son geste était celui qu'on était en droit d'attendre d'un prophète ; encore montre-t-il bien à quel point la peur lui était étrangère. Les disciples ne furent pas sans s'étonner de sa colère, mais l'expliquèrent sans peine par son zèle envers Dieu.

Autre exemple de la façon dont Jésus n'hésita pas à affronter prophétiquement l'injustice officielle et l'hypocrisie : son discours, si violent, contre les pharisiens et les scribes, en Mt 23. Ceux-ci se plaignirent même qu'il les insultait. Il est certain qu'il ne mâchait pas ses mots en les

3. Cf. Mt 21, 12 suiv. ; Mc 11, 15-17 ; Lc 19, 45 suiv.

traitant, non seulement d'hypocrites, mais de « sépulcres blanchis », de « guides aveugles », ou de « repaire de serpents ». Dès qu'il s'agissait de défendre la justice et la vérité, il n'hésitait pas un instant à s'en prendre à eux. Il ne pouvait éprouver que du dégoût devant leur comédie et leur prétention d'être parfaits. Leur position même aurait dû les conduire à devenir des modèles de la religion juive, soucieux d'accomplir la volonté de Dieu, de lui ressembler ; or ils n'usaient de leur autorité que pour détourner les hommes de la vraie piété. Formant une classe séparée de celle des gens ordinaires, ils n'usaient de leur éducation et de leur richesse qu'à leur profit, ce qui les poussa à conspirer contre Jésus pour se débarrasser de lui.

Pour sa part, Jésus ne cherchait qu'à les sauver, eux aussi, en les appelant au repentir. Mais ses efforts étaient voués à l'échec, tout comme l'avaient été ceux de Jean-Baptiste (Mt 3, 7 suiv.) : ces gens n'éprouvaient aucun besoin de se convertir, puisqu'au moment même ils complotaient sa mort. Pour pouvoir l'arrêter, ils en arrivèrent à corrompre un de ses disciples et, pour pouvoir l'accuser devant le tribunal, ils firent appel à de faux témoins. Quand les soldats trouvèrent le tombeau vide, ils les payèrent pour déclarer qu'on a volé le corps pendant leur sommeil (Mt 28, 2 suiv.).

Face au mal social dont il était témoin, Jésus, bien que dépourvu de tout pouvoir politique, se refusa à garder le silence. Il préféra risquer la mort que de se taire. Il croyait fermement de son devoir d'affronter les responsables de l'injustice : s'il se taisait, eux, dans leur avidité et leur aveuglement, continueraient à opprimer les autres. Il était convaincu qu'il fallait dénoncer l'injustice pour ce qu'elle était. La taire eut été prêter la main à ceux qui étaient sans cesse à tramer le mal. Ainsi que le déclare Paul, « les enfants de lumière doivent tout mettre en lumière : ceux qui font le mal ont la lumière, mais la fuient, car leur pouvoir sur les autres est fait de mensonge et de fourberie » (Ep 5, 11-13).

Avec son sens profond de la justice et son courage pour affronter tous les pouvoirs, Jésus est vraiment le modèle parfait des HUIT. Comme eux, il perce à jour ceux qui usent de violence pour faire valoir leur influence ou défendre leur position. Il se rend bien compte qu'ils agissent ainsi par faiblesse. La vraie force, c'est celle des gens qui, comme le dit Jésus, ne craignent pas ceux qui peuvent tuer le corps sans pouvoir disposer de l'âme (Mt 10, 28). Ainsi appelle-t-il lui-même ses disciples à ne jamais accepter de *compromission de conscience*, fût-ce au prix de la souffrance et de la mort.

Audacieux mais pas prétentieux

Les HUIT sont vraiment doués pour affronter avec audace l'injustice. Mais comment éviter la tentation de rechercher la bataille pour elle-même ? C'est prétention que de vouloir s'affirmer aux dépens des autres : il ne s'agit alors plus seulement de s'opposer à eux, mais de les dominer. Leur autoritarisme conduit les HUIT à vouloir tout contrôler. Rien d'étonnant que les autres aient du mal à les supporter.

Jésus lui-même ne réagissait pas forcément de la même manière devant le péché des autres : il n'était pas toujours à les affronter. Il prit la défense de la femme adultère, ne serait-ce qu'en écrivant sur le sable au lieu de la juger (Jn 8, 3-11) ; il s'invita, comme un ami, chez Zachée, le riche collecteur de taxes (Lc 19, 1-10), au lendemain de la décapitation de Jean-Baptiste, il ne jugea pas utile de poursuivre l'opposition au roi Hérode. On peut même faire valoir que, en s'attaquant aux scribes et aux pharisiens, il dénonçait avant tout une *classe* aux intérêts bien définis, ce que nous appellerions aujourd'hui une « structure injuste », plus que des individus.

Rester vulnérable

On ne peut comprendre le rôle prophétique de Jésus sans voir comment il tint à toujours rester *vulnérable.* C'est particulièrement évident lors de sa passion et de sa mort. Il déclara certes avoir le pouvoir d'échapper à son arrestation et à sa crucifixion (Mt 26, 53), et il le montra bien à Gethsémani : il lui suffit de se présenter : « C'est moi », pour provoquer la chute des soldats venus l'arrêter (Jn 18, 6), comme si sa présence et sa parole suffisaient pour les paralyser. Mais il n'opposa aucune contre-violence à leur violence. Ainsi qu'il le déclara à Pierre : « Celui qui tire l'épée, périra par l'épée » (Mt 26, 52).

Pour lui, la force est dans la non-violence : Dieu agit à travers la douceur qu'on oppose à l'agression. Telle était bien la vérité qu'il affirmait déjà lorsque, après avoir chassé les vendeurs du temple, il déclarait que, si on détruisait le temple de son corps, il le reconstruirait (Jn 2, 19). Pour lui, la faiblesse et l'oubli de soi dont il faisait preuve au moment de sa mise en croix étaient ce qui lui conférait le pouvoir de guérir le monde, tout comme le serpent de bronze dressé dans le désert par Moïse (Jn 3, 13). Et de fait, c'est en le voyant cloué sur la croix que nombre de ses ennemis découvrirent leur faute[4] : s'il avait fait appel à sa force pour se protéger du mal, ceux-ci seraient sûrement restés convaincus d'avoir eu raison.

En appelant ses disciples à devenir ses témoins dans le monde, Jésus les invitait à la fois à faire preuve de courage et à se montrer capables d'accepter les conséquences de leur prise de position sans résister à l'oppression. En méditant sur son enseignement sur la non-violence, les HUIT auront à se demander si leur façon de lutter contre l'injustice est vraiment la bonne, si elle est celle qui conduira l'autre à se repentir, ou si elle ne manifeste pas plutôt leur désir de l'*emporter* sur les méchants.

4. Cf. Jn 8, 28 ; Mt 27, 54 ; Ac 2, 36-38.

9

Jésus est patient

Les NEUF pourront apprécier la patience de Jésus, celle dont il rappelle par exemple la nécessité au moment où ses disciples réclament la venue immédiate du Royaume de Dieu, lors de l'Ascension (Ac 1, 1-11). Ils avaient attendu son triomphe, et il était mort. Voici maintenant que, ressuscité, il va les quitter. Comment ne se sentiraient-ils pas perdus ? D'où leur question. Jésus leur répond que tout est dans les mains de Dieu. Il leur faut *attendre* : le Royaume arrivera au moment voulu par le Père. Autrement dit : « Soyez patients, car Dieu peut tout. »

La société moderne ne cesse d'insister sur l'efficacité immédiate. Il suffit de tourner un bouton pour allumer la lumière. Les montres doivent être à l'heure, à la seconde près. Réunions, programme de télévision, célébrations à l'Église doivent commencer et finir à l'heure précise. Tout doit tourner rond, et cette efficacité doit être immédiatement perceptible. Les dépôts bancaires sont mis sur ordinateur, pour qu'on puise en calculer chaque jour les intérêts.

De quel appui ne sera pas pour les NEUF l'enseignement de Jésus sur la venue du Royaume de Dieu ! Ils ont donc raison de lutter contre la continuelle course contre la montre. Car ce Royaume suit le rythme de la nature. Dans la vie des gens, il ne peut venir que graduellement, semblable à la semence qu'on met en terre. Il prend lentement racine. Il lui faut longtemps pour produire la moisson (Mt 13, 4-9). Ainsi la vie avec Dieu exige-t-elle de la patience. La simple évolution de notre planète le montre bien : Dieu a attendu des millions d'années pour faire surgir les conditions rendant possible la vie de l'homme sur terre. Il a fallu encore bien des millénaires de développement intellectuel pour que les humains puissent noter leurs souvenirs par écrit. Nombre de siècles furent encore nécessaires pour que notre race en arrivât à voir dans l'histoire du monde celle d'une unique famille faite d'éléments interdépendants. Il faut du temps, pour que se déploie le projet de Dieu sur le monde qu'il a créé. Chacun de nous doit faire preuve de patience pour rendre sa vie conforme à ce dessein.

La tentation de l'indolence

Les NEUF sont évidemment tout disposés à attendre : leur problème, ce n'est pas la patience mais l'*indolence*. Car entrer dans le rythme divin ne saurait se résumer à tout attendre de Dieu en restant tranquillement les bras croisés, dans l'espérance du Royaume. Dès les temps apostoliques, l'Église se heurta déjà à cette fausse vision des choses : les premiers chrétiens croyaient souvent à l'imminence de la fin du monde ; à Thessalonique, certains en concluaient qu'il était désormais inutile de travailler et de gagner sa vie. Paul leur fit savoir que, lors de son séjour chez eux, il n'était jamais resté sans rien faire : il s'était bien gardé d'abuser de l'hospitalité des autres. Il rappelait la règle suivant laquelle celui qui ne travaille pas ne mange pas (2 Th 3, 7-10). Ce disant, il ne faisait que reprendre l'affirmation des anges, après l'Ascension du Christ : ils avaient reproché aux apôtres de rester plantés là à regarder le ciel (Ac 1, 6-11) ; ils devaient au contraire suivre les instructions de Jésus et se préparer au don du Saint-Esprit, avant de mettre leurs charismes au service de la conversion du monde.

Se servir de ses charismes

Les NEUF ont tendance à prendre la vie à la légère, à manquer de courage. C'est qu'ils sont incapables de reconnaître les ressources dont ils disposent vraiment *en eux-*

mêmes. Pour s'engager vraiment, ils sont toujours à attendre que quelque chose vienne les stimuler au lieu de reconnaître leur dynamisme et leur créativité potentielle. Leur indolence ne leur permet d'avoir qu'une image appauvrie d'eux-mêmes, et ils ont constamment l'impression d'impuissance. Ils sont pourtant doués, eux aussi, mais ils ont du mal à le croire et à passer à l'acte. Ils ont besoin de prendre au sérieux la promesse de Jésus de leur donner le pouvoir de l'Esprit.

C'était cet Esprit qui avait donné à Jésus lui-même la force d'agir comme il l'avait fait. C'est lui encore qui vient convaincre ceux qui le reçoivent, non seulement que Dieu les aime, mais qu'il les aime de la même façon que Jésus (Jn 17, 26), qu'il a foi en eux, qu'il fait confiance à chacun. En répandant ses dons, cet Esprit apprend aussi à en faire bon usage et à les développer. Il envoie en mission : il n'est personne qui n'ait à se comprendre lui-même comme don particulier de Dieu au monde et que celui-ci attend de lui (ou d'elle) que quelque chose change. Tous sont donc appelés à cette découverte et à cette vie intérieure qu'il leur faut ensuite faire rayonner sur les autres.

Ce don de l'Esprit est source de paix profonde, conséquence normale de la découverte de l'amour particulier de Dieu pour chacun de nous. C'est cette certitude qui nous conduit à admettre que les autres peuvent aussi nous aimer, et qu'en retour nous pouvons donc nous-mêmes nous donner à eux. Notre gratitude envers Dieu nous pousse à tout faire pour que les autres fassent une découverte semblable. C'est pour la manifester que nous les aimons, car c'est la seule manière de leur révéler l'amour de Jésus pour eux.

Lorsque les chrétiens commencent à vivre de cet amour fraternel, Jésus se rend tout particulièrement présent parmi eux, ainsi qu'il l'a promis (Mt 18, 20). C'est à travers les *communautés chrétiennes* ainsi engendrées que la Trinité se rend présente et agissante. Celui qui ignore cette *communion des personnes* ignore ce qu'est la vie divine (Jn 17, 1-11). Tel est l'enseignement qui doit permettre aux NEUF d'échapper à leur indolence. Il leur donne une capacité d'aimer et de dialoguer qui les arrache à leur solitude en leur transmettant l'énergie même de la vie trinitaire. Se rapprochant ainsi de tous ceux auxquels les lient désormais une même foi et un même amour, ils connaissent une véritable dilation de tout leur être. Ils voient leurs horizons s'élargir et ils sentent la force affluer en eux.

Vivre en communauté, c'est chercher les moyens de vivre en paix. Ainsi que le dit saint Paul, le don de l'amour, c'est la patience : la charité est toujours prête à excuser, à faire confiance, à espérer, à endurer tout ce qui arrivre (1 Co 13, 4-7). Elle est ce qui construit les ponts, ce qui réconcilie. L'Esprit suscite un désir d'unité. C'est donc en lui que les NEUF trouveront les ressources nécessaires pour rapprocher les gens les uns des autres. Ils ont déjà une capacité naturelle à susciter des groupes. Sous la motion de l'Esprit, ils n'en découvrent que plus à quel point ils sont appelés à créer des liens entre les personnes et à les aider à surmonter leurs conflits et leurs divisions. C'est à eux de prendre l'initiative et d'aider les autres à renoncer à leurs systèmes de défenses, à échanger vraiment sur leurs problèmes et sur leurs besoins ; c'est à eux de trouver les mots qui permettront un véritable partage des sentiments, en excluant toute forme de jugement blessant, tout sentiment de ressentiment ou d'ennui. Si les gens s'écoutent vraiment, ils deviendront capables de surmonter leurs incompréhensions réciproques, et ils pourront alors s'excuser, se pardonner. Telle est bien la mision des NEUF : apprendre aux autres les vraies valeurs du groupe en leur donnant à découvrir que *rien n'est plus important que l'union des personnes.* C'est cette union qui donne accès à la vie trinitaire.

II

Comprendre ses compulsions

3

Le regard du compulsif sur le monde

Selon Oscar Ichazo, le soufi qui introduisit la tradition de l'ennéagramme aux États-Unis, la conscience de soi résulte d'une « scission entre le moi et le monde ». Ainsi qu'il l'explique : « Survient une contradiction entre les sentiments intérieurs de l'enfant et la réalité sociale extérieure, celle à laquelle il doit se conformer. La conscience de soi résulte de la limitation à laquelle se résout la conscience en chutant dans la société. La personnalité revêt une carapace défensive par-dessus son essence, d'où la scission le moi et le monde. L'ego perçoit ce monde comme étranger et dangereux, car il ne parvient jamais à satisfaire les besoins les plus profonds du moi[1]. »

Pour lui, c'est entre quatre et six ans qu'on découvre le manque de « synchronisation » entre ses sentiments intérieurs et le monde environnant. La société apparaît d'une certaine façon hostile. D'où la perception d'un *manque.* Au départ, on n'était aucunement préparé à cette distorsion entre soi et la réalité externe. On croyait pouvoir atteindre son plein épanouissement personnel, réaliser ses désirs profonds, en s'unissant à la totalité du réel, lequel implique la

1. Sam KEEN, *op. cit.*, p. 67.

totalité du cosmos et Dieu. Naît alors le désir de *compenser* cette perte d'unité idéale entre soi et le tout en veillant soi-même à sa propre réussite. Mais cela n'est pas possible si on accepte de limiter l'idée qu'on se fait de soi-même et de son épanouissement. En décidant de se construire sa propre vie par rupture avec le monde extérieur, en prétendant donc se réaliser tout seul, on refuse toute dépendance vis-à-vis de celui-ci. De par ce rejet de la nécessité des autres pour se réaliser vraiment soi-même comme personne, on adopte une attitude d'« auto-salut » et on commet ainsi un véritable péché d'orgueil.

Nous aurons à revenir plus loin (chap. 5 et 6) sur cette façon de s'enfermer en soi-même. L'étude des causes des compulsions consiste essentiellement à faire voir en quoi consiste ce phénomène de la conscience de soi. Pour cela, nous aurons à analyser les différentes formes qu'il peut prendre. Ce qui nous renvoie au thème suivant : *le soi par rapport au monde.*

Le soi par rapport au monde

Selon Tad Dunne, s.j., on peut caractériser les neuf différentes formes de la conscience de soi de l'ennéagramme en examinant le recoupement entre trois idées qu'on peut se faire de soi-même et trois *modes de comportement* privilégiés[2], autrement dit entre trois façons de se regarder et trois façons d'entrer en relation avec le monde.

Les trois idées qu'on peut avoir de soi sont les suivantes :

a) « Le monde n'est pas à ma hauteur. »
b) « Je dois être à la hauteur du monde. »
c) « Je ne suis pas à la hauteur du monde. »

2. Nous nous inspirons ici du cours sur la prière de Tad Dunne, à la Creighton University d'Omaha, Nebraska, pendant l'été 1980. Nous lui empruntons directement les tables I et II.

Et les trois modes de comportement privilégiés sont :
1) *contre* le monde (comportement *agressif*) ;
2) *vers* le monde (comportement de *dépendance*) ;
3) *à l'écart* du monde (comportement de *retrait*).

C'est en fonction du recoupement possible de ces idées de soi et de ces comportements privilégiés que Dunne propose ce premier schéma des différents types de l'ennéagramme :

Table 1

	a) « Le monde n'est pas à ma hauteur »	b) « Je dois être à la hauteur du monde »	c) « Je ne suis pas à la hauteur du monde »
1) Agressif	8	3	1
2) Dépendant	2	6	7
3) En retrait	5	9	4

1) Les types agressifs : 8, 3, 1

Les types agressifs privilégient un comportement *contre* les autres. C'est leur stratégie pour se protéger et s'assurer de leur valeur comme personne. La différence entre eux trois tient à l'idée qu'on se fait au départ de soi-même :

a) « Le monde n'est pas à ma hauteur » (8). En se persuadant qu'ils sont plus grands que le monde, les HUIT développent un instinct de *pouvoir* à l'encontre des autres. Ils sont raides, s'opposent, se montrent écrasants, considèrent les autres comme des hypocrites. Ils les intimident pour les mettre en porte-à-faux. Ils se rapportent à la réalité en la bousculant. Leur réaction spontanée à la peur n'est pas de battre en retraite ou de laisser quiconque prendre avantage sur eux, mais de s'affirmer et de se montrer agressif. Pour eux, être signifie « être fort ». C'est par la puissance de leur personnalité qu'ils prouvent leur valeur ou préservent leur dignité.

b) « Je dois être à la hauteur du monde » (3). Pensant

qu'ils doivent s'adapter au monde, les TROIS canalisent leur agressivité en *réussite.* Ils pensent que seul leur succès peut prouver leur valeur. Pour eux, être, c'est « réussir ».

c) « Je ne suis pas à la hauteur du monde » (1). Les UN traduisent leur comportement agressif en se critiquant eux-mêmes : ils pensent qu'il faut travailler dur pour tout faire parfaitement et faire ainsi preuve de leur valeur. Ils manifestent aussi cette attitude envers les autres en exigeant d'eux la perfection et en corrigeant tout ce qui va mal. Leur agressivité les met sans cesse en conflit avec leur entourage, mais aussi avec eux-mêmes, car, pour eux, être, c'est « être parfait ». Se sentant inférieurs au monde, et se retournant alors contre lui, ils dépensent la plus grande partie de leur énergie consciente à parvenir au sommet. Ils éprouvent la vie comme une continuelle *ascension.*

2) Les types dépendants : 2, 6, 7

Les types dépendants se caractérisent par une tendance à se porter *vers* les autres. Ils défendent leur propre valeur en se faisant *accepter*, recevoir. Partant d'une autre idée de soi, chacun de ces types à une façon différente de réagir :

a) « Le monde n'est pas à ma hauteur » (2). En matière de relation, les DEUX s'imaginent qu'il sont plus grands que le monde, donc prennent l'initiative. Ils s'efforcent ainsi de donner aux autres le sentiment qu'eux-mêmes leur sont nécessaires et s'occupent donc d'eux. Cette *façon de dépendre de l'approche des autres en prenant soin d'eux* se traduit par la répugnance à voir les autres les servir. Ils se refusent à toute relation qui ne mettrait pas les autres dans leur dépendance. Pour eux, être, c'est « être nécessaire aux autres ».

b) « Je dois être à la hauteur du monde » (6) : en s'imaginant qu'ils doivent s'adapter aux autres pour avoir de la valeur, les SIX mettent l'accent sur la conformité aux principes et aux règles déjà existantes. Ils ne voient de mérite possible que dans leur façon de répondre *aux responsabilités qu'on leur a confiées*. Pour eux, être, c'est « être responsable ».

c) « Je ne suis pas à la hauteur du monde » (7). Les SEPT ont grandi avec le sentiment d'être inférieurs au monde. Ils ne se sentent vivants qu'à la condition de percevoir le monde avec bonne humeur. *Leur valeur tient à leur capacité de tout prendre du bon côté.* En conséquence, ils se refusent à percevoir tout ce qui pourrait leur faire de la peine ou leur donner du mal. Pour eux, être, c'est « être joyeux ».

3) Les types en retrait : 5, 9, 4

Les types en retrait se comportent de préférence *en prenant leur distance* par rapport aux gens, et en majorant ainsi le sentiment de leur propre valeur. Ils traduisent cette stratégie défensive de différentes façons suivant l'idée qu'ils se font d'eux-mêmes :

a) « Le monde n'est pas à ma hauteur » (5). Les CINQ ont grandi avec la conviction d'être plus grands que le monde. En se distanciant des gens, ils adoptent donc une attitude de *voyeurs*. Pour affirmer leur supériorité, ils pensent qu'il faut *tout comprendre*. D'où leur continuel travail de réflexion. Pour eux, être, c'est « tout savoir ».

b) « Je dois être à la hauteur du monde » (9). Les NEUF se battent en retrait pour s'ajuster au monde, car ils n'y trouvent ni appréciation ni amour. Leur tactique est faite à la fois de *résignation* et de défensive, laquelle leur permet d'éviter le conflit. Ils disent que de toute façon ce qui se passe n'a pas grande importance, et ils n'attendent rien ni des autres, ni d'eux-mêmes ; ils *cherchent à se satisfaire de ce qui arrive*, car, pour eux, être, c'est « être content ».

c) « Je ne suis pas à la hauteur du monde » (4). Ayant grandi en pensant qu'ils étaient inférieurs au monde, les QUATRE traduisent leur comportement de retrait en se persuadant qu'on ne les comprend pas et en se forçant continuellement à une expression plus originale et plus authentique. Ils ont souvent le sentiment de se sentir dépassés et, dans leur relation aux autres, ils sont toujours en attente de *la vraie vie.* De leur point de vue, être, c'est « être spécial ».

Un sens faussé de la réalité

Selon Dunne, la conscience de soi consiste à se faire une *idée fausse de la réalité*, de ce qu'est vraiment la vie. Chacune des trois idées qu'on peut se faire de soi revient à se donner une espèce de « lentille » particulière permettant de se centrer sur une vision donnée de l'épanouissement :

a) La réalité est d'ordre intérieur. Les personnes qui se persuadent d'être « plus grandes que le monde » considèrent que la vie est d'abord d'ordre intérieur : elles sont centrées sur soi.

b) La réalité comme adaptation intérieur-extérieur. Ceux qui pensent devoir s'adapter au monde pensent que la vie est avant tout harmonie, qu'elle consiste donc à intégrer intérieurement le monde externe.

c) La réalité est d'ordre extérieur. Ceux qui affirment être inférieurs au monde pensent que la vraie vie, l'épanouissement de soi, consiste à se centrer sur le monde environnant.

Dans tous les cas, l'ego pense que la vraie vie, l'épanouissement, est avant tout une question d'effort. Celui-ci diffère selon les trois modes de comportement.

1) Le comportement *offensif* : c'est celui des types agressifs, 8, 3, 1.

2) Le comportement *d'acceptation* : c'est celui des types dépendants, 2, 6, 7.

3) Le comportement *défensif*: c'est celui des types en retrait, 5, 9, 4.

En présentant la déformation de la réalité propre à chaque type de l'ennéagramme, le schéma suivant illustre le recoupement de ces six catégories :

Table 2

	a) Réalité = ordre intérieur	b) Réalité = adaptation	c) Réalité = ordre extérieur
1) offensif	8. Contrôle	3. Apparence	1. Devoir
2) Acceptation	2. Approbation	6. Appréhension	7. Plans
3) Défensif	5. Exactitude	7. Adaptation	8. Écriture

1) Les types *offensifs*: 8, 3, 1

Les types offensifs cherchent leur épanouissement en se dressant contre les autres. Leur comportement diffère selon la lentille à travers laquelle ils considèrent la vie réelle.

a) La réalité est d'ordre intérieur (8). Les HUIT considèrent que la vie est réelle s'ils parviennent à la contrôler de par leur propre force intérieure. Ils pensent que, pour s'épanouir, ils doivent être forts contre les autres. Ils n'ont le sentiment d'avoir bien fait que dans la mesure où ils dominent tout. Pour eux, c'est un problème de dignité que de pouvoir dire : « Puisque je suis fort, les autres ne peuvent rien contre moi. » Cela leur donne un sentiment de bien-être. Tel est l'effet de l'idée qu'ils se font d'eux-mêmes : celle d'être plus grands que le monde.

b) La réalité comme adaptation intérieur-extérieur (3). Les TROIS pensent que, pour s'accomplir, il leur est nécessaire de réussir aux yeux des autres. Le bien qu'ils visent consiste essentiellement dans l'*apparence*. Ce qu'ils appellent succès, c'est avant tout l'*image favorable* qu'ils éveillent chez les autres. Ils sont incapables de penser réussite indépendamment de ce que les autres pensent d'eux. Pour eux, l'important, c'est d'être connu, c'est de provoquer une réaction positive autour d'eux. Réussir, c'est de faire quelque chose qui suscite l'admiration, c'est de mériter l'estime par ce qu'on fait.

c) La réalité est d'ordre extérieur (1). Les UN ne peuvent considérer avoir réussi qu'en fonction de l'extérieur, du monde qui les entoure. Pour eux, la vraie vie consiste à tirer le meilleur parti de la situation. Ils se dressent contre leur environnement en considérant nécessaire de tout corriger. Ils sont toujours à critiquer, eux et les autres, parce qu'ils n'envisagent le réel qu'en terme de *devoir*. Ils ne pensent d'épanouissement possible qu'en attaquant, en remodelant le réel. *Ils ne pensent vivre réellement qu'en portant remède à ce qui ne va pas et en redressant le monde extérieur.*

2) Les types *acceptation* : 2, 6, 7

Les types acceptation cherchent leur épanouissement en se portant vers les autres. Ils ne voient de réussite possible qu'en se faisant *accepter* ou recevoir. La façon dont ils cherchent ce résultat dépend de la vision limitée qui est la leur, de leur « lentille » à travers laquelle ils voient la réalité.

a) La réalité est d'ordre intérieur (2). Les DEUX se persuadent que, pour réussir, ils ont besoin qu'on ait besoin d'eux. Ils ne peuvent se sentir intérieurement justifiés sans l'approbation des autres. Pour obtenir celle-ci, ils cherchent donc à plaire. Ce n'est qu'après y être arrivés qu'ils peuvent se penser bons. *C'est pour eux la seule manière de s'accepter dans la vie.*

b) La réalité comme adaptation intérieur-extérieur (6). Les SIX sont convaincus que, pour s'épanouir, ils doivent répondre à ce qu'on leur demande. Ils croient qu'en répondant à ces exigences ils assureront l'harmonie entre eux et leur entourage. Ayant appris à ne voir la vie que comme une suite d'exigences qu'on leur adresse, ils ne se sentent plus exister que dans la mesure où ils ressentent de l'appréhension concernant ce qu'on attend d'eux. Ils restent donc continuellement en alerte, s'inquiétant sans cesse de leurs responsabilités, ne s'occupant plus que de cela. Pour eux, la faillite serait de renoncer à faire face à ce que la vie attend d'eux.

c) La réalité est d'ordre extérieur (7). Les SEPT ne voient de réussite possible qu'à force de plans sur ce qui peut se passer autour d'eux. Ils semblent toujours pleins d'optimisme, persuadés que la vraie vie consiste avant tout à faire des projets, à tirer des plans sur l'avenir. Pour eux, c'est plus important et plus vrai que tout ce qui peut se passer autour d'eux.

3) Les types *défensifs*: 5, 9, 4

Les types défensifs cherchent leur épanouissement en prenant de la distance par rapport aux autres. Ils ressentent un besoin de se *défendre* en se détachant d'eux. Alors ils ont l'impression de pouvoir vivre réellement. Le but ainsi poursuivi diffère suivant la « lentille » à travers laquelle chacun regarde la vie.

a) La réalité est d'ordre intérieur (5). Les CINQ cherchent à se réaliser par la justesse de leur jugement. Dans leur vie privée, ils consacrent un temps considérable à l'étude et à la réflexion qui leur semble nécessaire pour examiner à fond tous les points de vue et se faire une idée de tout. Mais cela tend à les refermer sur eux-mêmes et à les rendre avares de leur temps. Ils hésitent toujours à dire ce qu'ils pensent, car ils sont très sensibles à la complexité des choses. Ils déclarent qu'ils ne sont pas encore certains..., qu'ils ont encore besoin de travailler... L'essentiel à leurs yeux, c'est *la certitude absolue* que ce qu'ils affirment est objectivement vrai. Dans leur désir d'atteindre cet idéal, ils ne cessent de lutter contre l'intrusion des autres dans leur monde privé, le seul où ils croient pouvoir s'épanouir.

b) La réalité comme adaptation intérieur-extérieur (9).

Les NEUF pensent qu'ils ne peuvent vivre vraiment que s'ils ont la paix. Cet accomplissement doit venir de *l'harmonie entre eux-mêmes et leur environnement.* Comme leur entourage leur paraît plein de conflits et source de tensions, ils s'y soustraient. Même si le calme est parfois ennuyeux, ils s'en contentent, car ils ne voient rien de préférable dans la vie.

c) La réalité est d'ordre extérieur (4). Les QUATRE se retirent pour répéter leurs *scripts*, autrement dit pour revoir comment ils peuvent faire preuve de plus d'authenticité et de plus d'originalité dans leur façon de s'exprimer. Ils ne voient de réalisation de soi possible que dans *la qualité d'expression de sentiments uniques.* Dans leur aspiration à la plénitude, ils sont toujours en recherche d'une traduction symbolique de ce qu'ils ressentent au fond d'eux-mêmes.

Un sens faussé de la vertu et du vice

Rétrécissant l'existence par un sens faussé du réel, chaque type de l'ennéagramme adopte une perspective particulière sur la vertu et le vice. La vertu, c'est ce qui met en mouvement quelqu'un vers la plénitude, tandis que le vice est ce qui la contredit. En ce domaine, celui qui, dans sa myopie, ne voit plus clairement la réalité en arrive forcément à se tromper. Il ne voit plus ce qu'il lui faudrait changer en lui, ce dont il devrait se repentir. Il voit une qualité, une vertu, dans ce en quoi les autres perçoivent avant tout son *défaut dominant, et il n'en éprouve donc aucun remords.* C'est le problème de sa « lentille ».

a) La réalité est d'ordre intérieur (8, 2, 5) : ces types de l'ennéagramme, marqués par l'idée qu'ils sont « plus grands que le monde », considèrent par trop qu'il n'y a qu'eux de bons dans la vie. *Ils mettent toute leur fierté en leur personne.*

— Les HUIT voient leur vertu dans le fait de se montrer forts contre les autres. Selon leur estimation, être vraiment quelqu'un, c'est s'assurer de sa dignité en restant le maître. C'est pourquoi ils n'éprouvent aucun remords de conscience à intimider les autres. Pour eux, c'est une immense qualité, même si celle-ci tourne à l'arrogance. Ils considèrent au contraire que la faiblesse est un vice, qu'il ne faut donc jamais consentir à laisser les autres prendre avantage sur soi. Comment pourraient-ils être aimables ?

— Les DEUX pensent que toute leur qualité tient à l'importance qu'ils acquièrent aux yeux des autres en faisant quelque chose pour eux. Ils considèrent que leur vertu essentielle consiste dans leur disponibilité, en dépit du fait qu'ils ne cessent de se rendre nécessaires. Cette manipulation des autres tient à leur négation de leurs propres besoins. Pour eux, vertu égale refus de se faire servir, désintéressement, alors que c'est en réalité une façon de manipuler ; quant à l'égoïsme, c'est le vice par excellence, disent-ils, alors qu'il ne s'agirait en réalité que de s'aimer soi-même.

— Les CINQ pensent que toute leur valeur tient à leur capacité de se tenir à distance pour mieux voir comment les choses se passent. Mais leur souci permanent de prendre leurs distances est en fait ressenti comme un manque de générosité envers les autres. Identifiant ainsi la sagesse et le savoir, ils considèrent comme un vice le refus de penser par soi-même, alors que le contact avec les autres ne ferait qu'enrichir leurs réflexions et serait certainement beaucoup plus productif, que ce serait donc vertu. La vertu, c'est pour eux la solitude, alors qu'elle est en réalité vice.

b) La réalité comme adaptation intérieur-extérieur (3, 6, 9) : ces types de l'ennéagramme, qui partent de l'idée qu'ils doivent s'adapter au monde, ne voient de beau côté possible à la vie qu'en acceptant le monde tel qu'il est et en s'ajustant à lui. Ils mettent toute leur *fierté à se conformer à ses standards.* Il est cependant évident que chaque personnalité en a une vision différente.

— Les TROIS se pensent bons du fait de leur abord agressif des choses et donc de ce que les autres appellent leur succès. Pour eux, la vraie vie consiste à réussir. Ils se font gloire de leur « efficacité ». Leur aveuglement consiste à penser que c'est à cela que se mesure la valeur de la personne. En réalité, la façon d'envisager le succès comme une vertu implique un véritable vice : celui de la *vanité.* Ils en arrivent à se considérer comme coupables pour le moindre échec, en y voyant un motif de s'accuser. En fait, l'accepter reviendrait à faire preuve d'un peu d'*humilité.*

— Les SIX font tout pour s'adapter au monde afin de se prouver à eux-mêmes leur bonté. Ils sont toujours à se tracasser au sujet de leurs responsabilités, et ils tendent donc à se laisser guider par la *crainte.* Ils ne font souvent ce qu'on leur demande qu'avec appréhension. Ils ont peur de ne pas pouvoir remplir leur tâche, en particulier quand ils sont incertains de ce qui est bien ou mal. Quelquefois, leurs craintes se font même angoisse devant l'inconnu, devant le futur par exemple. Ils n'aiment pas le changement, car pour eux il n'y a pas de meilleure règle que le passé pour déterminer ce qui va et ce qui ne vas pas. Comme « la coutume est la meilleure interprète de la loi », tout ce qui vient bouleverser les manières habituelles de faire constitue une menace pour leur sécurité. Ils ne s'épanouissent qu'en se conformant aux demandes de l'autorité. Leur passion, la peur, se manifeste fréquemment avec évidence par la façon extrêmement grave dont ils considèrent toute déviation par rapport à la loi ou à la coutume et par la façon absolue et rigide dont ils imposent leur autorité, prennent leurs décisions, donnent des ordres. Leur attitude « bouchée » tient à la profondeur de leur amour passionné du conformisme.

— Les NEUF cherchent à s'adapter au monde en prenant les choses dans le sens de la facilité. Leur dieu, leur bien absolu, c'est l'harmonie. Pour eux, la meilleure façon d'être en paix avec eux-mêmes et avec les autres, c'est d'en faire le moins possible, ou rien du tout. Devant toute excitation ou tout conflit, ils battent en retraite en minimisant l'importance de l'affaire. Leur idéal, ce sont les occupations tranquilles : télévision, collections de bibelots ; ou tout simplement de se mettre à l'aise. Leur tendance innée à l'inactivité est un effet de leur amour passionné de l'immobilisme. Ainsi s'exprime leur passion : la *paresse.*

c) La réalité est d'ordre extérieur (1, 7, 4) : ces types de l'ennéagramme, ceux des gens qui se considèrent comme plus petits que le monde, consacrent toute leur énergie à ce qui leur paraît bon extérieurement à eux-mêmes. Ce faisant, *ils insistent beaucoup trop unilatéralement sur l'environnement.* Finissant par ne plus voir le succès que dans la transformation de la réalité externe, ils finissent par s'en rendre esclaves. Ils n'acceptent pas suffisamment de reconnaître leur propre valeur intérieure et ils sont tentés de rejeter les autres en prétextant du caractère imparfait de leurs réalisations. Ils mettent toute leur fierté à changer le monde qui les entoure, en arrivant ainsi à se perdre dans le flot de la réalité extérieure.

— Les UN sont aveugles à leur *ressentiment*, lequel n'est pourtant rien d'autre que ce péché capital qu'on appelle la *colère.* Au lieu d'y déceler un défaut, ils pensent que leurs façons de critiquer ne font que traduire la grandeur de leur vertu. Ils méconnaissent par trop cette véritable vertu qu'est l'*acceptation de soi-même.* Ils sont convaincus que le vice suprême consiste au contraire à renoncer à s'améliorer ou à faire mieux.

— Les SEPT considèrent la tristesse et le pessimisme comme les défauts par excellence, alors que ces attitudes peuvent n'être qu'une réaction justifiée à la réalité, telle que certains la vivent. Ils confondent la gaieté constante et la vertu, alors qu'ils feraient parfois beaucoup mieux d'adopter une attitude plus appropriée. Ils tendent à déifier le plaisir au détriment de la tempérance et de la modération. Ils ne voient dans le sérieux qu'un vice, alors que ce peut être l'expression d'une authenticité, c'est-à-dire d'un respect de la personne ou de la situation à affronter.

— Les QUATRE exaltent la sensibilité et considèrent comme un vice d'être grossier. Ils se font vertu d'être uniques, autrement dit meilleurs que les autres, d'avoir plus d'importance qu'eux, alors que leur attitude n'est en fait que *vaine gloire*. Ils mettent le vice dans la banalité, alors que ce peut être simplement l'expression de la simplicité.

L'expérience du temps

La compulsion du moi se traduit également par la façon d'affronter le *temps*, et donc le changement. Objectivement, le temps est ce qui mesure la transformation de la réalité extérieure. En chaque personne, il existe une sorte d'horloge intérieure qui permet de mesurer les modulations de l'expérience personnelle.

Du fait que chaque type de l'ennéagramme perçoit différemment la réalité, il se caractérise aussi par une conscience particulière du temps, ce qu'illustre la *figure 2*.

— Les UN ressentent le temps comme écrasant. Ils y voient une espèce de force qui les tire à hue et à dia. Ils ont l'impression qu'ils n'en ont jamais assez pour rien finir parfaitement. Ils ont souvent le sentiment de tourner en rond, comme l'écureuil dans sa cage, et ils voudraient arrêter : « Attends une minute », ou « Doucement, autrement nous n'y arriverons pas ! », « Recommençons, pour être sûr que cela va. » Ils voudraient sans cesse revenir sur les choses, et ils voudraient convaincre les autres de le faire jusqu'à ce qu'on puisse être absolument certain que tout est bien terminé. Ce n'est qu'alors qu'ils acceptent de passer au point suivant.

— Les DEUX vivent le temps comme une occasion de rencontrer les autres. Pour eux, il n'y a de bon moment que dans la rencontre interpersonnelle, tandis que la solitude leur pèse. Ils ont l'impression de n'avoir bien profité de l'instant qu'à condition de s'être sentis plus proches des autres. Ils ont tendance à vivre à l'heure de leur prochain,

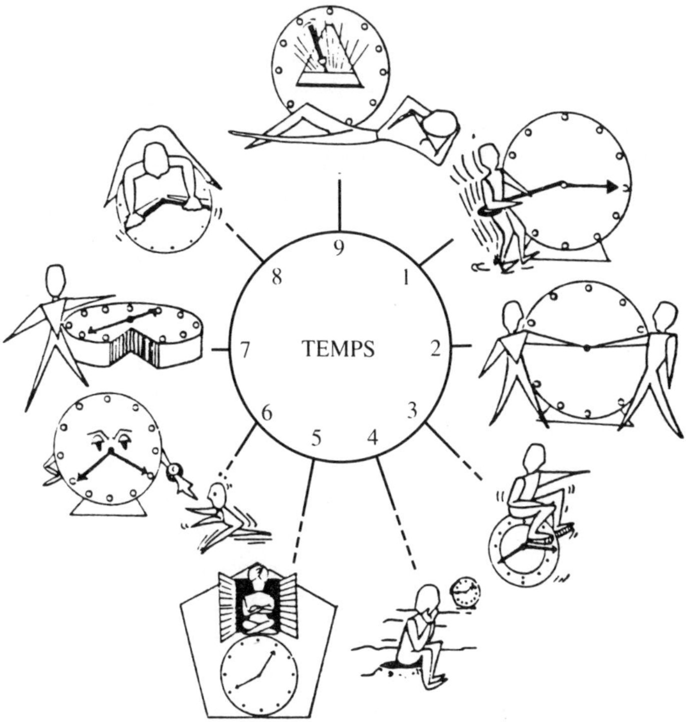

Figure 2

à en accaparer le temps, à s'y glisser. Dès qu'ils n'y arrivent plus, ils se plaignent que le temps traîne. D'où leur difficulté dans les réunions d'affaires : pour eux, elles n'ont d'intérêt que dans la mesure où elles permettent de nouvelles relations. Dans de tels meetings, ils se montrent extrêmement sensibles à la moindre parole susceptible de blesser quelqu'un, et — le cas échéant — se dépêchent de voler à son secours. Quand ils prévoient une réunion ennuyeuse, ils s'y préparent en apportant du courrier à écrire, un tricot, pour faire au moins quelque chose pour les autres.

— Les TROIS voient dans le temps un moyen. C'est un véhicule qui permet d'aller quelque part, un instrument qui permet de faire, un outil de productivité. Il faut donc en *user*. Il est la mesure des buts et des projets. Il ne faut pas en perdre une minute, car ce serait une occasion perdue. Pour eux, il est mesuré, limité. Une fois l'heure passée, il est trop tard. En conséquence, les TROIS se fixent leurs objectifs en fonction du temps dont ils disposent, mais, comme ce sont des gens efficaces, ils tendent à en prendre trop, et ils sont donc toujours un peu en retard, ce dont ils ont parfaitement conscience et ce dont ils prennent leur parti. En dépit de leur désir de commencer à temps et de finir à temps, ce n'est là pour eux que question secondaire, par rapport à celle de savoir si le travail à faire a bien été fait.

— Les QUATRE n'ont qu'un sens très subjectif du temps : il se mesure à l'*intensité émotionnelle.* Quand quelque chose les mobilise affectivement, ils ont l'impression que le temps court ; autrement, il traîne. Ils ont tendance à être en retard, car ils oublient l'heure, cela même quand ils attendent avec impatience un rendez-vous dont ils attendent une expérience forte. Leur façon de s'insérer dans le moment présent est souvent empreint de nostalgie et de mélancolie. Ils ont toujours l'impression que le passé n'est pas terminé, qu'il a été plein d'occasions manquées, qu'il aurait fallu approfondir expériences et émotions. Quand ils racontent ce qui s'est passé, il est typique de voir qu'ils ne prennent pas les événements dans l'ordre chronologique, mais qu'ils commencent toujours par ce qui les a le plus émus, ce qu'ils ont trouvé le plus beau.

— Les CINQ ont une façon typique de surveiller le temps, comme s'ils étaient toujours en attente d'un événement ou d'une expérience hors du commun. En prêtant ainsi attention à ce qui va venir, ils sont sans cesse à réfléchir sur la façon de le rapporter en lui donnant tout son sens. Dans leur narration du passé, ils n'oublient l'expérience de personne, lui donnant sa signification chronologique exacte. Pour eux, il se passe toujours quelque chose d'intéressant, au plan extérieur ou au plan intérieur. Ils n'aiment pas voir les choses traîner. Dès qu'une affaire est terminée, ils se précipitent sur la suivante. Ils sont capables de régler les problèmes en temps voulu, et s'ils se plaignent de n'en avoir jamais assez, c'est parce qu'ils voudraient que tout soit original et parfait. Ils sont donc toujours en train de se lamenter.

— Pour les SIX, c'est le temps qui commande. La montre est l'autorité suprême. Mais cette prise en compte du temps est en fait conflictuelle. Obnubilés par le résultat, persuadés qu'il faut faire les choses aussi vite que possible, ils sont toujours en train de courir. Pour eux, le moindre retard est une faute. L'horaire, c'est tout. Y manquer devient une catastrophe. Aussi est-ce typique : ils arrivent à l'heure, ils partent à l'heure. Pour eux, ils n'ont jamais de temps : celui-ci n'est que la mesure de leur responsabilité envers les autres.

— Pour les SEPT le temps ressemble à un gigantesque gâteau divisible en un nombre de parts infini. Or ils n'en ont encore pris qu'une, et il y en a encore tellement d'autres ! Il en reste ! Si donc ils prennent plaisir à quelque chose, il faut en prendre un peu plus : d'ailleurs ils en ont le temps. D'où leur souci constant pour être à l'heure. Par ailleurs, ils anticipent... et même tellement que cela leur suffit ! Le passage à l'acte en perd tout attrait. Ils remettent donc la pratique au lendemain : ce n'est qu'un détail, sans intérêt, et ils préfèrent laisser tomber.

— Les HUIT, eux, ne se laissent jamais déborder par le temps : c'est eux qui le contrôlent. Ils sont bien décidés à ce que l'horloge n'avance qu'à leur rythme. Non seulement ils sont à l'heure, mais ils sont même fréquemment si en avance qu'il leur faut ensuite attendre. Le temps, c'est pour eux quelque chose qui s'étale sans présenter le moindre relief. C'est eux qui en fixent les instants marquants (en fonction de l'étalon de mesure qu'ils se sont eux-mêmes donné). Une fois pris par quelque chose qui les passionne, ils n'en tiennent plus compte : ce n'est plus un problème. Ne sachant pas trop quand ils arriveront au bout de leur tâche, ils vont simplement de l'avant. Cela leur donne une allure d'impatience tranquille et confère à leurs activités un rythme assuré : ils avancent avec régularité et aussi avec une force inéluctable.

— Les NEUF sont de véritables métronomes. Pour eux, les instants ont tous la même durée, et chaque événement la même importance. Ils ont le sentiment qu'il y a toujours trop à faire, et ils en restent là. A leurs yeux, l'essentiel, c'est d'en rester à ce qui est prévu, sans jamais s'émouvoir. Ils ont besoin d'horaires, et le moindre changement qu'on y apporte les plonge dans un abîme de perplexité. Pour eux, impossible de jamais en faire plus, et ils ne peuvent accepter un supplément de travail qu'après avoir fini tout le reste. Aussi longtemps qu'ils s'en tirent, ils se moquent complètement d'être à l'heure ou en retard. Surtout, ne pas s'en faire et ne pas se laisser troubler !

Les totems des types compulsifs

On peut décrire la façon dont chaque type de l'ennéagramme se rapporte au réel en le comparant au comportement de différents animaux. D'où la *figure 3*, avec ses totems, au premier abord amusants, mais finalement fort parlants. Dans le chapitre 6, nous verrons comment la guérison des compulsions les transforme.

— Dans leur compulsion, les UN ressemblent à des fox-terriers, ces petits chiens qui peuvent inspirer une véritable terreur ! Ils commencent par mordre avant d'aboyer. Ils ne sont jamais bien certains que l'autre est un adversaire, mais, par précaution, ils préfèrent attaquer. Ils frétillent sans cesse, s'inquiètent perpétuellement de ce qui se passe. Veillant avec hargne à ce que tout marche bien, ils se donnent beaucoup plus d'importance qu'ils n'en ont. Imposant leurs propres critères de perfection, ils donnent l'impression d'être toujours à vous mordre les mollets pour vous rame-

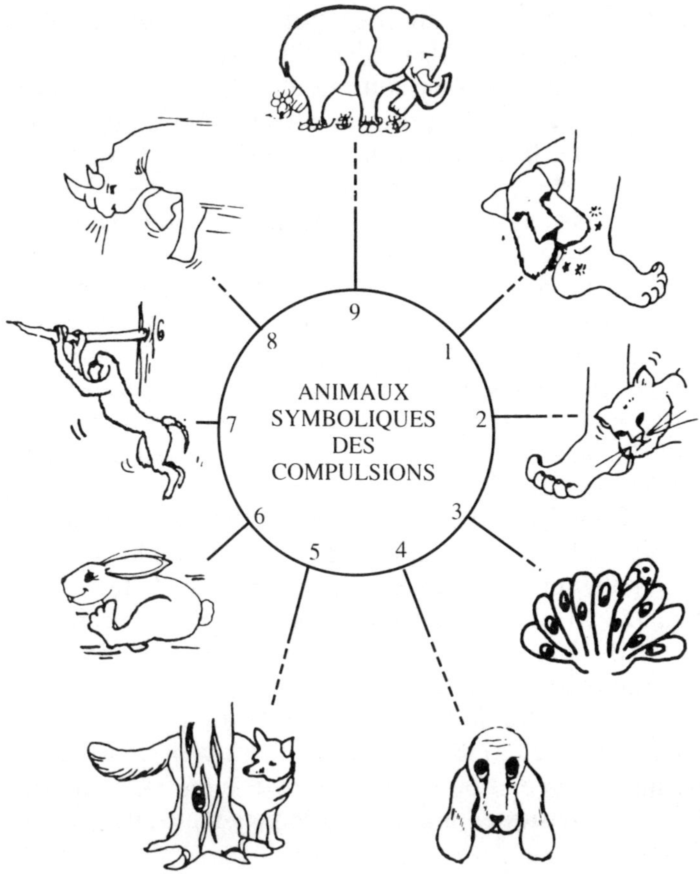

Figure 3

ner dans le droit chemin. Si quelqu'un les heurte, ils en parleront à tout le monde, sauf à la personne impliquée, car ils pensent indécent d'affronter les gens. Ils attendent plutôt que l'autre reconnaisse ce qu'il doit faire et qu'il le fasse.

— Dans leur compulsion, les DEUX sont comme des

chats. Ils sont toujours à se frotter aux gens jusqu'à ce qu'on les caresse, et ils ne s'en vont pas avant. Ils peuvent cependant se retourner contre qui s'approche trop d'eux. Ils se glissent, vous agrippent sournoisement en rampant par-derrière. Ils aiment fixer les gens du regard, mais détestent qu'on les fixe. De même les DEUX sont-ils très affectueux, mais ils gardent l'air d'indépendance de ceux qui ne laissent jamais les autres les servir.

— Dans leur compulsion, les TROIS sont vaniteux comme des paons. Toujours à parader dans la basse-cour, prêts à faire la roue, ils sont constamment à picorer tout ce qui leur tombe sous le bec, sans rien négliger. Ainsi les TROIS sont-ils sans cesse à se rengorger pour attirer l'attention. Ils ne pensent qu'à ce qui pourra les faire aimer des autres.

— Dans leur compulsion, les QUATRE sont comme des bassets. Chez ces animaux, c'est à ce qui tombera le plus, des oreilles ou des paupières. Ils ont toujours la face dégoulinante. On pourrait leur ôter la peau et laisser le chien derrière. Ils balancent la queue comme une balayette sur un sol mouillé. Ils mendient les miettes de la table et se régalent du moindre déchet. De même les QUATRE suintent-ils la tristesse, ce qui est leur façon d'entrer en relation avec les autres. Quand on essaie de les attraper, ils se réfugient dans cette tristesse, tant ils ont l'impression de ne pas avoir été compris.

— Dans leur compulsion, les CINQ sont comme des renards. Ceux-ci se faufilent et se terrent dans des troncs d'arbre rongés de vers. A force de tout mordre, ils en attrapent des maladies, et ils deviennent la proie des infections attrapées dans leurs trous. En dépit de leur grande taille, ils ne choisissent que les petites proies. De même les CINQ ont-ils un regard en dessous. Ils sont sans cesse en train de fureter et ne touchent qu'à des riens sans conséquences. Toujours sur leurs gardes, ils savent tout ce qui se passe autour d'eux.

— Dans leur compulsion, les SIX sont comme les lapins. Alertes, mais toujours animés de mouvements convulsifs.

Quand ils ont peur, ils bondissent, courant de-ci de-là, tellement affolés qu'il se jettent souvent dans les pattes de leurs poursuivants. Ce sont des combattants opiniâtres mais solitaires, et c'est pourquoi ils finissent souvent dans l'estomac d'un prédateur. Ils n'en sont pas moins connus pour leur façon de se reproduire. De même les SIX se sentent-ils extrêmement vulnérables, et ils vivent constamment dans l'appréhension et l'indécision.

— Dans leur compulsion, les SEPT sont comme des singes, à la fois bruyants et curieux. Ils font des bruits étranges et aiment se battre. Ils vivent littéralement en l'air, sautant de branche en branche. De même les SEPT sont-ils toujours à épier à la ronde, prêts à sauter partout. Ils parlent, bavardent. Ils semblent constamment en l'air, tant ils ont à faire, et ils peuvent toujours reprendre leurs jongleries.

— Dans leur compulsion, les HUIT sont comme des rhinocéros. En dépit de leur taille intimidante, ces animaux sont d'innocents végétariens, à la vue courte et à la peau épaisse. Ils encornent ou écrasent tout ce qu'ils ne reconnaissent pas. De même les HUIT commencent-ils par charger et ne posent les questions qu'ensuite. Ils commencent par piétiner les autres pour être sûrs qu'on ne les heurtera pas. Ils vont répétant : « Arrêtez donc de pleurnicher. »

— Dans leur compulsion, les NEUF sont comme des éléphants. Ce sont des animaux de poids. Ils sont si gros et ont apparemment si peu de conscience de leur pesanteur et de leur masse qu'ils écrasent parfois leurs propres petits. De même ils piétinent leur nourriture et ravagent leur environnement avant de s'en aller plus loin. Il leur arrive de saisir dans leur trompe ce qui excite leur curiosité et de s'en étouffer. De même les NEUF sont-ils écrasants, du simple fait qu'ils se croient au centre du monde. Ils s'assoient au milieu des choses sans se rendre compte de leur poids. Ils n'ont aucune envie de bouger de leur place. Ils veulent qu'on les accepte tels qu'ils sont, sans qu'ils aient rien à changer. Comme les éléphants, ils sont tout oreilles, mais ces oreilles immenses ne sont pas faites pour entendre.

4

Le déséquilibre de la personne

Chaque type de l'ennéagramme a tendance à porter à l'absolu une valeur qui n'est en soi que limitée. La personne s'attache passionnément à ce qui lui paraît le bien en soi, et elle y consacre ses énergies les plus profondes. C'est cet attachement passionné qui l'oblige à adopter sa stratégie défensive, celle que nous avons appelée compulsion, celle qui, pense-t-elle, la protégera et lui permettra d'atteindre le but en lequel elle voit sa réussite. Si elle s'est ainsi fixé un objectif dans la vie, c'est parce qu'elle a découvert que le monde était aliénant, autrement dit que la société contredisait ses sentiments, ses désirs les plus intimes. C'est en fonction de cette idée, et pour échapper à cette aliénation, qu'elle a fait son choix, qu'elle a décidé de sa façon particulière de se réaliser personnellement. Ainsi a-t-elle apposé une limite à la nature humaine ; par sa façon particulière de traduire toute la richesse potentielle de la personne, elle s'est enclose en un réduit. Si elle avait pu éviter ce rétrécissement de son essence, elle n'aurait connu aucune compulsion, ce qui se trouve être le cas de Jésus. Il est le premier être véritablement humain : en laissant sa personnalité exprimer tous les aspects de notre nature, il a échappé au *déséquilibre* dû à notre propension à ne défendre ce que nous sommes que sous une forme unique ; ce qui revient à dire qu'il n'a pas besoin de stratégie défensive, de compulsion, pour s'affranchir lui-même de ce monde aliénant.

Ainsi l'amour, donc la pulsion fondamentale de notre être, celle qui nous incite à atteindre notre épanouissement personnel, prend-il une forme distordue, celle précisément qu'on nomme *passion* : cessant de viser la plénitude de la nature humaine, il se centre sur ce qui n'en est plus qu'une limitation. L'amour passionnel n'est pas en soi corrompu : ce n'est que la simple déformation de la réponse que doit apporter quelqu'un à l'appel de l'absolu. Cette distorsion n'est pas due à un poison, mais à une erreur concernant notre véritable épanouissement, erreur due à une vision faussée de la réalité.

Les passions

La *figure 4* présente la passion dominante de chaque type de personnalité de l'ennéagramme. Les *figures 5, 6* et *7* précisent en quoi ce sont des déformations, en fonction des trois erreurs possibles sur la façon de concevoir sa propre réussite.

a) La réalité est d'ordre intérieur (8, 2, 5) : chacun de ces types se caractérise par une façon de se passionner pour soi-même.

— *L'arrogance.* Les HUIT s'affirment avec exagération. Leur *arrogance* les conduit *à dire la vérité aux autres sans amour.* Ils se vouent au vrai et ils veulent la justice, mais leur façon de la défendre n'est en réalité rien d'autre qu'une stratégie d'autodéfense, une façon de se protéger en dominant les autres. Ils voient la vie comme une lutte pour le *pouvoir*, et ils consacrent toute leur passion à être forts et à éviter toute faiblesse. Ce faisant, ils oublient qu'il n'y a vraiment d'épanouissement personnel que dans l'union aux autres. Pour eux, l'essentiel, c'est d'« avoir » les autres, plutôt que de voir dans l'échange d'opinion un moyen de

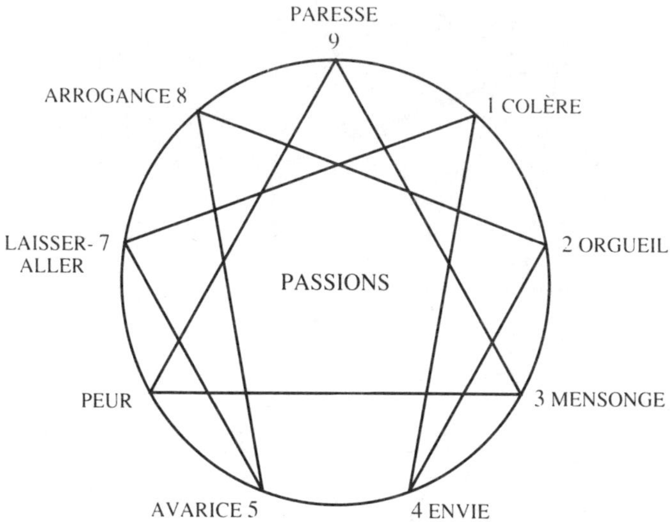

Figure 4

réconciliation et d'union. Ils sont fiers d'avoir tenu bon et n'ont jamais l'humilité suffisante pour avoir un contact véritable avec autrui. Leur expérience initiale de l'aliénation de la vie tient peut-être à la façon dont un parent les a dominés, les a conduits à se protéger en faisant toujours front, en ne cédant jamais. Désormais, ils ne peuvent plus penser le bien absolu qu'en s'opposant à la menace du monde. Peut-être admettraient-ils encore que cela ne suffit pas pour avoir raison ; mais leur amour passionnel ne leur permet que de s'intéresser aux moyens de dominer, donc de ne plus voir d'autre façon d'intimider que par l'arrogance. Cependant, comme ces expériences de réussite ne leur dispensent jamais le sentiment de plénitude et d'absolu auquel ils aspirent, les HUIT en arrivent à le chercher dans la lutte. Peu importe la supériorité sur les autres dont ils ont déjà fait preuve : ils veulent la manifester plus encore, car c'est en elle qu'ils ont choisi de voir le bien infini

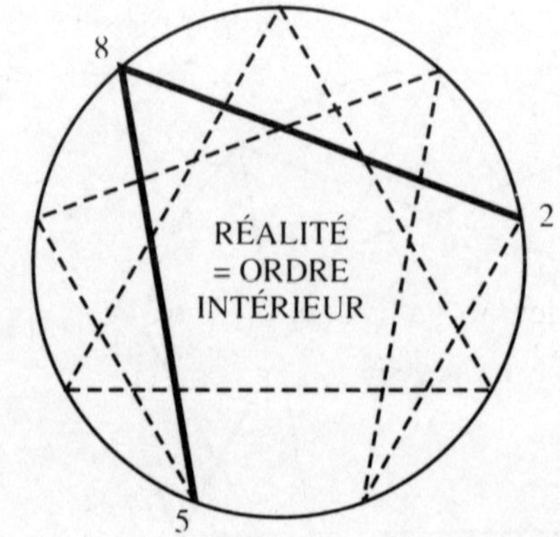

PASSIONS (a)

8 ARROGANCE
2 ORGUEIL
5 AVARICE

Figure 5

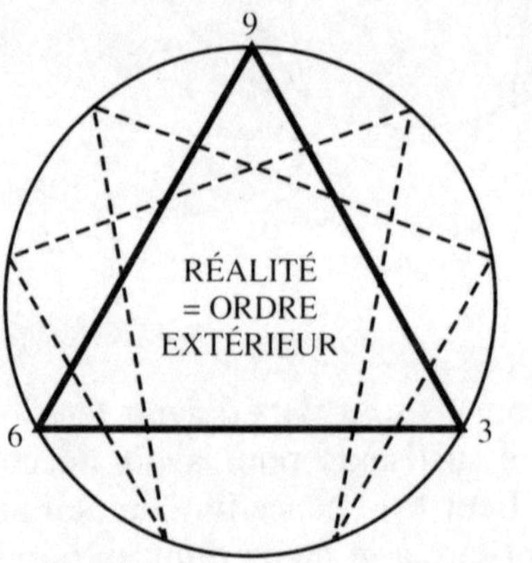

PASSIONS (b)

9 PARESSE
3 MENSONGE
6 PEUR

Figure 6

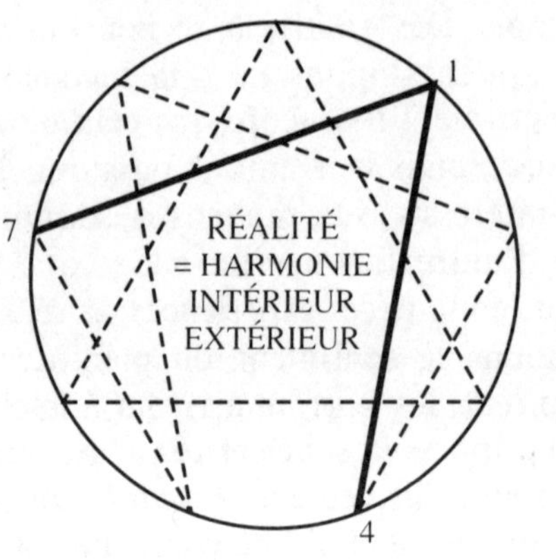

PASSIONS (c)

1 COLÈRE
4 ENVIE
7 LAISSER-ALLER

Figure 7

de la personne. Aucune expérience d'affirmation de soi ne parviendra donc jamais à les combler. Leur sens de la dignité personnelle leur fera perpétuellement ressentir la présence de l'autre comme une menace et, face à tous ceux qui entendront leur donner des ordres, ils réagiront spontanément par l'arrogance. Il leur fait éliminer l'autre. Ils aiment évidemment commander, mais ils répugnent à accepter les ordres, tant cela contredit leur besoin passionnel de se poser dans la vie.

— *L'orgueil.* C'est la forme d'amour passionnel des DEUX. Elle consiste aussi à se centrer sur soi. Elle revient à refuser d'*avoir besoin de l'autre.* Elle est en elle-même contradictoire, puisqu'elle est en même temps recherche de l'approbation de ceux ou de celles qu'on sert. La position des deux n'en consiste pas moins à renier le moindre besoin personnel, donc la réalité même du but qui les anime pourtant secrètement. Si les autres leur donnent à penser qu'ils les aident d'une façon ou d'une autre, ils se récrient spontanément. Ils tiennent à tout garder sous leur contrôle : ce sont bien les autres qui ont besoin d'eux. D'où leur sentiment d'épanouissement. Ils se sentent mal à l'aise dès qu'ils ne sont plus à *faire* quelque chose pour des tiers. Le caractère passionnel de ce qui fait leur orgueil n'en est pas moins manifeste : dès que les autres cessent de les approuver ou de les remercier pour leurs services, ils sont vexés. Si on ne recourt plus à eux, c'est qu'ils ne valent plus rien. Ils s'aigrissent, dénigrent ceux qui les négligent ainsi, s'en vengent même d'une façon ou d'une autre. Ce qui leur manque, c'est le minimum d'humilité nécessaire pour accepter la réciprocité et entrer vraiment en communion avec les autres.

— *L'avarice.* L'amour que les CINQ se portent à eux-mêmes se traduit par cette passion qu'est l'*avarice.* Leur manque de générosité tient à leur conception du bien absolu, le seul sans limites à leurs yeux : leur trésor de connaissances. Réussite et entente avec les autres n'ont pour eux rien à voir, et ils le montrent bien, pour peu qu'un ami vienne les déranger au moment où ils ont décidé de travailler. Comme ils n'arrivent jamais à atteindre leur but, qu'ils ont toujours l'impression d'ignorer encore quelque chose, ils cherchent sans cesse à gratter du temps et à s'enfermer davantage encore plus dans leur solitude. Leur amour de celle-ci en devient passionnel, tant ils y voient la condition du seul épanouissement possible. Sans elle, ils ont l'impression de rater leur vie.

Étant donné qu'il y a toujours plus à connaître, qu'il n'est d'idée qui ne conduise à de nouvelles questions et qui n'offrent de nouvelles occasions de recherche, ils se sentent éternellement frustrés. La seule façon qu'ils trouvent de répondre à leur faim, c'est de refuser de donner la moindre parcelle de leur temps, de devenir avare de celui-ci. Ils fuient donc tous les engagements susceptibles de les mêler aux autres et de les détourner de leur projet personnel : savoir.

b) La réalité comme adaptation intérieur-extérieur (3, 6, 9) : ces types pensent que la réussite consiste avant tout à être en harmonie avec le monde tel qu'il est. Ils finissent par sombrer dans le conformisme le plus épais.

— *Le mensonge :* Les TROIS s'épanouissent dans l'*apparence.* Ils tiennent avant tout à se présenter à leur avantage, et ils sont donc toujours en recherche de ce qui fera valoir leur succès. L'essentiel, c'est l'opinion qu'on se fait d'eux, et il faut donc masquer tout ce qui pourrait faire obstacle au succès tant désiré. Ce qui les pousse au mensonge. Cela commence par le masque qu'ils apposent sur leurs propres sentiments, afin de faire bonne contenance. Subordonnée à ces valeurs absolues que sont pour eux l'efficacité et la réussite la vérité perd sa valeur primordiale. Cette tendance spontanée à tromper éclate en affaires, dès que surgit la concurrence commerciale. Les TROIS sont des tricheurs pour lesquels ne compte que le gain financier. Mais il n'est de réussite qui puisse jamais leur procurer le bien absolu auquel ils aspirent. Il leur faut donc toujours ajouter un nouveau succès au précédent, d'où de nouvelles compétitions et de nouveaux mensonges.

— *La peur.* Les SIX sont des passionnés de conformisme : ils entendent répondre à toutes les exigences qu'on leur impose. Ils en éprouvent une appréhension qui empoisonne leur existence. Ils ne vivent plus que sous l'emprise de la *peur.* Ils sont paniqués à l'idée de paraître ne pas remplir leur devoir, en particulier s'ils éprouvent le moindre doute sur ce qui est bon et ce qui est mal. Ils en arrivent parfois à une véritable *angoisse* devant l'inconnu, en particulier devant le futur. Tout changement les terrifie, car y a-t-il de meilleur guide que le passé ? « La coutume est l'interprète idéal de la loi », pensent-ils, et toute nouvelle manière de faire leur semble donc une menace pour leur sécurité. Ce qui les épanouit, c'est de répondre à ce que l'autorité leur impose. Cette peur passionnelle éclate dans le sérieux avec lequel ils considèrent toute déviation par rapport aux lois ou aux coutumes traditionnelles, et le caractère obstiné et têtu avec lequel ils affirment eux-mêmes leur autorité dans leurs décisions ou dans leurs ordres. Ce « bétonnage » est la conséquence directe de leur passion pour la conformité.

— *La paresse.* Les NEUF cherchent à se conformer au monde en battant en retraite, de façon à simplifier les choses. Ils déifient la tranquillité : c'est leur bien absolu. Ils se sentent infiniment plus en paix avec eux-mêmes et avec les autres en ne faisant rien, ou presque rien. Devant tout ce qui pourrait les exciter, ou devant tout conflit possible, ils fuient en en minimisant l'importance. Au lieu de chercher leur épanouissement dans la fréquentation des autres, ils le font en se repliant sur eux-mêmes, en s'enfermant devant leur télévision, en collectionnant des babioles, en évitant en tout cas de se donner du mal. Leur tendance spontanée à ne rien faire tourne à la véritable passion. Ce sont des *paresseux.*

c) La réalité est d'ordre extérieur (1, 7, 4) : quand quelqu'un ne voit de possibilité de s'accomplir qu'en se centrant entièrement sur ce qui l'entoure, plus rien ne compte pour lui que l'extérieur.

— *La colère.* Les UN n'admettent pas volontiers de reconnaître que leur façon de déformer la réalité, c'est la *colère.* Ils se refusent à en admettre la présence au fond d'eux-mêmes. Ils ne se rendent pas compte qu'ils ne sont plus capables d'affirmer l'amour qu'à travers leur fureur. Car ils ne peuvent plus penser réussite qu'en termes de *perfection totale.* Ils sont donc toujours à vouloir remettre les choses en ordre, à tout corriger. D'où leur colère. Il n'y a qu'à entendre leurs continuelles critiques des autres, mais aussi d'eux-mêmes, car ils retournent contre eux leur colère, persuadés de ne jamais être à la hauteur. Mais le monde non plus n'est pas parfait, et ils en souffrent. Que les gens s'entendent ou non, peu importe ! L'essentiel, leur passion, c'est que ça marche ! Quelle terrible méconnaissance de ce que la vie apporte, quelque imparfaite qu'elle soit ! Cette confusion de la perfection extérieure et du bien absolu est finalement signe de leur immaturité, donc d'une véritable déformation. Prétendant tout corriger, et incapables de vivre en harmonie avec les autres, ils finissent par mettre l'accent sur des détails relativement sans importance. Quant aux autres, ils ne peuvent ressentir cette insatisfaction perpétuelle et cette méticulosité que comme un poids. Comment ne pas se sentir mal à l'aise devant une personnalité qui n'est plus que colère ?

— *Le laisser aller.* Dans leur désir d'éviter toute peine, les SEPT ne voient d'accomplissement possible que dans le plaisir. Leur capacité d'amour prend alors forme d'un *laisser aller* qui débouche souvent sur la gourmandise et même l'intempérance, donc sur la déification des plaisirs. Mais comme il n'est aucun de deux-ci qui ne reste limité, c'est une vaine quête que de vouloir y trouver l'absolu. Il en faut donc toujours plus. Puisque c'est de leur accumulation qu'on attend son épanouissement, à peine a-t-on épuisé l'un qu'il en faut un autre. D'où le besoin des SEPT de faire sans cesse de nouveaux plans : il leur faut projeter la réussite dans un perpétuel futur.

— *L'envie.* Les QUATRE ont le sentiment de n'être jamais à la hauteur. Ils s'efforcent de s'affirmer authentiquement en se donnant un *style.* Pour eux, réussir, c'est s'exprimer symboliquement. L'idée appauvrie qu'ils ont d'eux-mêmes les porte à se comparer aux autres, et ils sont donc jaloux de tous ceux qui ont quelque apparence aux yeux des autres. Ils ne peuvent percevoir leur style qu'en termes de défi porté à leur spécialité. C'est souvent avec surprise qu'on découvre cette envie, tant elle semble contredire leur finesse. Ce besoin de dénigrer les autres parce que moins raffinés qu'eux n'est pourtant que l'envers de leur snobisme, car toute personnalité un peu forte les fait pâlir de jalousie. Au lieu d'admirer les dons des autres et de trouver dans ce sentiment une façon de communier avec eux, ils ne perçoivent en eux qu'une menace pour leur propre réussite, celle qu'ils cherchent à manifester dans leurs vêtements, leur décor, leur appartement, bref tout ce style en lequel ils voient une expression subtile de leur être.

Suivre les flèches de la compulsion

Le déséquilibre propre à chaque type de l'ennéagramme peut encore s'accentuer, du fait de ce que nous appellerons « le parcours fléché ». Notre schéma ennéagrammique ne se présente plus alors seulement sous forme de points autour d'un cercle, mais également sous forme de sécantes qui s'entrecroisent à la façon de flèches. Ces flèches indiquent comment les différents types se renvoient l'un à l'autre, accélérant ainsi le mouvement compulsionnel, ainsi que le montre la *figure 8.* Tad Dunne montre comment cette compulsion croissante se conforme à un modèle général qu'il analyse à partir de trois types de comportements prioritaires : 1) l'agressivité, 2) la dépendance, 3) le retrait, ce que présente la *figure 9.*

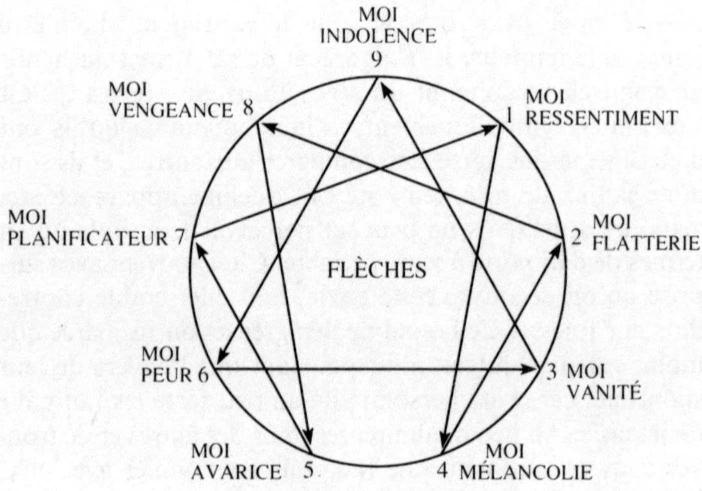

*Figure 8**

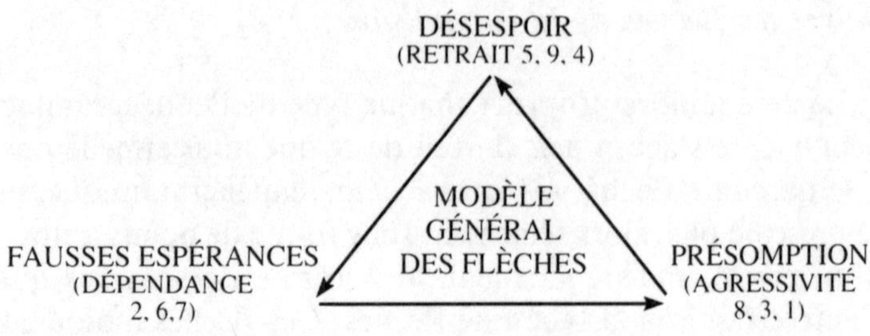

Figure 9

* Adaptation de la figure de J. Lilly et J. Hart, « The Arica Training », *in* C. Tart, *Transpersonal Psychologies*, Harper and Row, New York, 1975, p. 333.

1) Les types agressifs : 8, 3, 1

Les types agressifs tendent à compenser leurs compulsions en refrénant leur comportement agressif et en battant en retraite. Ils ont pris conscience de leur *présomption*, autrement dit de la fausseté de la confiance qu'ils mettaient en eux-mêmes : elle ne correspond pas à la réalité. Mais, se défaisant ainsi de leur agressivité, ils sombrent dans le désespoir.

— Quand les HUIT se heurtent par trop à la résistance des autres, ils opèrent un retrait sur la position des CINQ, celle de l'avarice. Les CINQ se distancient des autres parce que leur perception innée du vide les pousse à chercher le savoir dans l'étude et la réflexion. Ils accumulent des données pour le moment où on fera appel à la sagesse. Leur système de perception élaboré se substitue à l'insertion dans le réel. En adoptant cette avarice de soi, les HUIT prennent une attitude malsaine. Au lieu de réagir ainsi à la résistance des autres en se décidant à contrer leur propre compulsion, il leur faudrait insister et trouver une nouvelle manière d'entrer en relation.

— Les TROIS ont beaucoup de mal à faire face à l'échec, de telle sorte que, devant sa répétition, ils se rétractent en prenant l'attitude indolente des NEUF, ce qui est leur forme de *désespoir*. Ils partent désormais du principe que la vie ne mérite pas qu'on s'excite. Ils ne déploient que le minimum d'énergie et d'attention et se gardent de s'engager affectivement. Conflits, décisions, troubles extérieurs les laissent impassibles. Ils mettent tout au même niveau. Ils ne semblent vraiment à l'aise qu'en hibernant dans cet état d'anesthésie. Cette paresse n'est sûrement pas le remède au doute d'eux-mêmes où les a conduits leur échec. Ils ne font que contrer leur compulsion. Fuyant le conflit pour éviter de jamais plus rater, ils renoncent à leur efficacité naturelle et à leur sens de l'organisation, et ne font ainsi que se livrer à l'amertume du désespoir. Cette inactivité est donc malsaine : s'ils veulent garder des raisons de vivre et d'espérer, ils ont besoin de faire quelque chose.

— Les UN peuvent se trouver devant une telle montagne de travail qu'ils se sentent soudain incapables de le faire. Ils peuvent alors réagir en désespérant soudain de la perfection, donc suivre la flèche de la compulsion poussant au retrait typique du comportement mélancolique des QUATRE. Ceux-ci prennent au tragique la moindre souffrance. Ils les dramatisent. Leur expérience leur semble si particulière qu'elle en devient irréelle. Ils ont constamment l'impression que les autres ne peuvent pas les comprendre. C'est en se posant comme spéciaux qu'ils se condamnent eux-mêmes à se percevoir abandonnés et incompris. Les UN, eux, n'ont rien du type déprimé. Ils sont ordinairement heureux de vivre. Mais quand ils ont l'impression de ne pouvoir atteindre l'indispensable perfection, ils risquent de renoncer à rien entreprendre. Leur façon d'adopter la compulsion mélancolique des QUATRE est leur forme de chute dans le désespoir.

2) Les types dépendants : 2, 6, 7

Les types dépendants ne voient d'accomplissement personnel possible que dans l'adaptation au monde tel qu'il est. Dès qu'ils ont l'impression de s'être laissés aller à de fausses espérances et d'être incapables d'atteindre leur but, ils sombrent dans l'incertitude. D'où la tentation de suivre la flèche qui les reconduit au comportement caractéristique des agressifs. Ainsi compensent-ils leur problèmes en glissant des faux espoirs à la *présomption*, autrement dit à la confiance injustifiée en soi.

— Dès qu'ils ne trouvent plus l'approbation et les félicitations dont ils rêvent, les DEUX en arrivent à l'attitude revencharde propre aux HUIT. Ceux-ci ont toujours l'impression de se heurter à un entourage hostile. Ils affirment alors leur *pouvoir* avec dureté, sans la moindre gentillesse. Ils assènent leurs arguments. Ils sont prompts à rejeter, lents à affirmer. Attaquant sans cesse, ils se coupent de la réalité. Ainsi désormais les DEUX. Ils voyaient dans les autres des super-amis, et ils ne sentent plus rien dès qu'on leur fait sentir que ce n'est pas le cas. Aigris, ils compensent leurs problèmes en cherchant à se venger. Ils en arrivent alors à dénigrer leurs super-amis d'hier, à les attaquer dans le dos. Ils ont certes du mal à les affronter ouvertement, mais ils sont bien décidés à les exclure de leur territoire.

— Quand les SIX se heurtent à trop d'insécurité, ils peuvent suivre la flèche qui les conduit à la suractivité et à l'agressivité caractéristiques de l'attitude vaniteuse des TROIS. Car ceux-ci sont très conscients de leur image. Ils s'identifient tellement à leur rôle qu'ils s'en perdent eux-mêmes. Dans leur désir de faire leurs preuves en se conférant une identité, ils sont poussés à faire, à réussir. Ils divinisent l'efficacité. En adoptant ce modèle, les SIX se mettent à jouer un rôle qu'ils idéalisent, et ils compensent ainsi leur indécision par une activité frénétique et par une apparence tranchante. Ce n'est qu'une façon de masquer leurs hésitations sous un masque. Ils passent donc de faux espoirs à la *présomption*, autrement dit à une confiance injustifée en eux-mêmes.

— Quand les SEPT commencent à réaliser que leurs plans n'aboutissent pas, ils peuvent eux aussi sombrer dans l'attitude de ressentiment des UN. Leur obsession d'une perfection irréelle les poussait à vouloir tout redresser, soi-même, les autres, le monde. Leur incapacité à le faire suscite en eux cet acide sentiment de colère qui se traduit dans leur ressentiment. Renonçant à leur optimisme habituel et commençant à se demander pourquoi les choses se passent toujours ainsi, ils se livrent donc à la compulsion des UN en en adoptant l'attitude prétentieuse. Ils tombent dans la mauvaise humeur, et ils ne voient plus soudain dans leurs amis que des ennemis. Renonçant à s'adapter, ils deviennent agressifs. En réagissant ainsi, ils ne font que compenser leurs problèmes.

3) Les types en retrait : 5, 9, 4

Les types en retrait tendent à compenser leur compulsion en suivant la flèche qui les conduit à un comportement de dépendance. Ce faisant, ils ne font que réagir au désespoir qu'ils ressentent en s'accrochant à de faux espoirs.

— Ordinairement, les CINQ ont bien les pieds sur terre. Ce sont des réalistes. Cependant la haine qu'ils ont pour leur entourage peut les porter à s'isoler. Distants des autres, ils en oublient le réel au point d'adopter l'attitude des SEPT, toujours en train de tirer des plans sur la comète. Ces derniers cherchent à éviter ce qui leur est pénible. Ils envoient promener ce qui leur déplaît. Ils subliment les difficultés, le travail, tout ce qui est un peu sérieux, en fantaisie, en projets. En faisant ainsi leur ce comportement typique de la compulsion de dépendance, les CINQ plongent dans un monde imaginaire. Réaction très malsaine pour eux, car ils ont profondément besoin de passer de la pensée à l'acte. Dès qu'ils commencent à vivre ainsi dans le rêve, ils ne font que se retirer de plus en plus et ils se montrent désormais incapables de distinguer ce qui est vraiment important. Leur espoir de se réaliser devient vain. Ils prennent le monde en haine. En transposant désormais leurs espoirs bien réels sur ce qui n'est plus que le fruit de leur imagination, ils ne font que manifester leur désespoir.

— Quand les NEUF prennent conscience du problème que pose leur indolence, ils perdent toute confiance en eux-mêmes et ils sombrent dans le désespoir. Par réaction, ils tentent de fuir dans le sens de la flèche, autrement dit d'adopter le comportement de lâcheté des SIX. Car ceux-ci sont incertains d'eux-mêmes. Ils manquent de la capacité et de la confiance qu'il leur faudrait pour agir par eux-mêmes. Ils combattent leur doute et leur indécision en mettant leur confiance dans une autorité extérieure. En adoptant cette attitude, les NEUF commencent à se tracasser pour de petits riens. Ils ont un sentiment exagéré de responsabilité. Ils en deviennent indécis et soumis. Leurs scrupules viennent ainsi s'ajouter à leur indolence. Ils en arrivent à se dire : « cela ne va pas, cela n'a jamais été et cela n'ira jamais », ce qui est parfaitement malsain.

— Quand les QUATRE se laissent aller au désespoir, ils peuvent réagir en se raccrochant au comportement des DEUX, toujours en train de se flatter eux-mêmes. Ce faisant, ils ne font qu'adopter leur forme caractéristique de dépendance, ce qui est catastrophique à la fois pour eux et pour ceux qu'ils entraînent dans leur sillage. Ils ne vivent plus que de l'appréciation, de l'attention et de l'approbation des autres, car seules celles-ci leur donnent le sentiment de leur valeur. A partir du moment où les autres n'ont plus besoin d'eux, ils ont l'impression de n'être plus personne. Ce sont leurs propres besoins qu'ils projettent sur les autres en les méconnaissant et même en les reniant. Normalement, telle n'était pas du tout leur attitude : ils ne s'accrochaient pas du tout aux autres. S'ils réagissent soudain ainsi, c'est pour échapper au désespoir qui les saisit lorsqu'ils réalisent à quel point ils dépassaient la mesure, à force de ruminer la tragédie de leur vie passée. La littérature nous présente souvent des personnages de ce genre : rejetés par la société, ils s'agrippent l'un à l'autre avant de se jeter ensemble dans la mort.

Les « centres » énergétiques privilégiés des différents types de personnalité

On peut aussi tracer un bon portrait des différentes formes de déséquilibre dues aux compulsions ennéagrammiques en voyant comment ils renvoient à trois « centres » énergétiques. Selon cette théorie, l'énergie et la conscience de soi peuvent émaner de trois régions centrales du corps : les viscères (A), le cœur (B) et la tête (C).

A. Le centre énergétique est *viscéral* lorsque le comportement s'enracine avant tout dans l'instinctivité et dans les habitudes. La motivation essentielle, c'est de *perdurer*. Ce fonctionnement au niveau instinctif se traduit dans un sentiment de présence à son corps, un corps dont on attend qu'il réagisse à la situation présente.

B. Lorsque le centre est le *cœur*, la vie se passe essentiellement au niveau du sentiment. L'existence est avant tout d'ordre affectif, sensible. Le souci essentiel, c'est la relation aux autres, et cette relation se traduit essentiellement par l'émotion. Vivre, c'est ressentir.

C. Lorsque le centre est la *tête*, tout se passe au niveau de la réflexion et de la pensée. On pourra donc aussi parler d'un centre pensant ou agissant. Pour réfléchir, il faut prendre une certaine distance du réel pour pouvoir le reconstruire en fonction d'un modèle ou d'une signification. Cette pensée renvoie à l'action, aboutissement normal de la décision consciente. Celui qui vit au niveau de la pensée se rend bien compte de ce qui se passe en lui ; il a conscience de ce qu'il fait.

Il est caractéristique que chaque centre puisse assurer non seulement sa fonction propre, mais intervenir à la place d'un autre, ou même des deux autres. On peut donc faire appel à lui pour lui demander non seulement ce qu'il est en mesure de fournir, mais aussi ce qui relèverait normalement des autres. Cela assure à chacun d'eux une certaine autonomie. Le centre « viscères » peut non seulement générer de l'instinctivité, mais aussi du sentiment et de la pensée : à travers les sentiments qu'il suscite, le centre « cœur » peut produire pensée et instinctivité ; le centre « tête » engendrera de la pensée en guise d'instinctivité et de sentiment. A certains moments, cette substitution d'un centre à l'autre peut présenter des avantages, ou même être nécessaire. C'est bien ce qui apparaît par exemple lorsqu'il s'agit d'acquérir une habitude : la pensée joue alors le rôle de l'instinctivité. Veut-on apprendre à taper à la machine ? C'est la tête qui commande le mouvement des doigts. Mais la secrétaire bien entraînée n'a plus besoin de faire fonctionner sa tête ; bien au contraire, si elle y faisait appel, cela ne ferait que provoquer des fautes. Dans son ouvrage *In Search of the*

Miraculous (A la recherche du miracle), où il traite en détail des différents centres, Pyotr Ouspensky donne l'exemple du soldat exercé et de la nouvelle recrue dans un exercice de tir. La nouvelle recrue n'a pas encore acquis l'habitude nécessaire, et elle fait donc l'exercice avec sa tête, en réfléchissant à chaque mouvement. Le vieux soldat, au contraire, fait l'exercice comme d'instinct, et donc beaucoup mieux[1].

Parmi ces « centres », chaque type de personnalité de l'ennéagramme a choisi d'en privilégier un au détriment des deux autres. C'est à travers celui-là qu'il entend s'affirmer comme personne. D'où un fonctionnement déséquilibré. Dans l'idéal, chacun de ces centres devrait intervenir dans une situation précise, mais dans un jeu d'ensemble, ce qui reviendrait à accepter la totalité de l'homme. Aucun d'eux n'aurait alors à se substituer aux autres. Opérer un choix revient donc à troubler le cours harmonieux du flux d'énergie, donc à appauvrir et à gauchir l'expérience personnelle. Au lieu de recourir au centre correspondant aux circonstances, donc de les faire fonctionner en fonction des besoins, le moi limite son ampleur, ne faisant jamais appel qu'à celui, unique, où il croit trouver l'énergie vitale garantissant sa réussite.

La *figure 10* montre la façon dont se répartissent les neuf types de l'ennéagramme en fonction du centre qu'ils privilégient. Les types *viscères* (8, 9, 1) fonctionnent avant tout sur l'instinctivité ; les types *cœur* avant tout sur le sentiment ; les types *tête* avant tout sur la pensée. On peut aisément déceler le centre choisi en examinant comment un type donné affronte une situation sociale donnée :

A) Les types-viscères se présentent en disant : « Je suis comme je suis. Prenez-moi comme ça. »

B) Les types-cœur abordent la situation en demandant : « Est-ce que vous allez m'aimer, oui ou non ? »

1. Pyotr D. Ouspensky, *In Search of the Miraculous*, Harcourt, Brace & World, New York, 1975, p. 333.

C) Les types-tête commencent par prendre du recul et par demander : « Est-ce que tout cela collera ensemble ? »

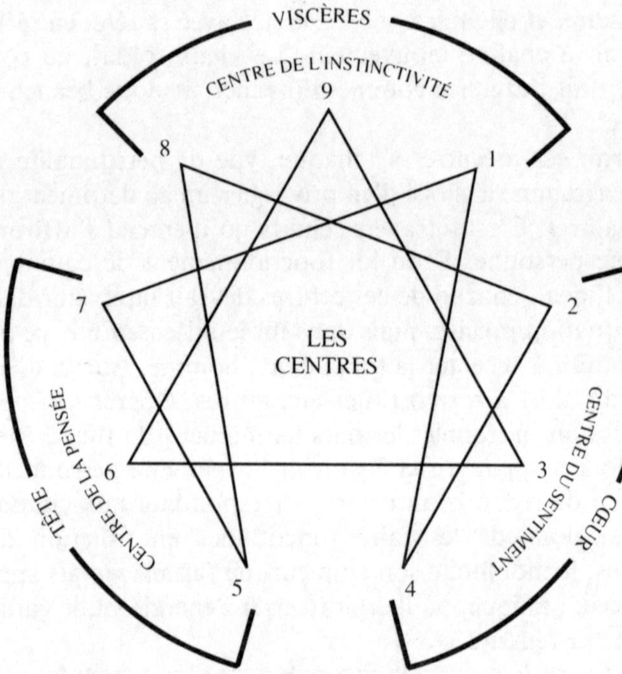

Figure 10

La figure 11 concerne les types de personnalités caractéristiques de chaque centre, les 9, 3, 6. Elle illustre ce qu'on peut appeler leurs « points de refus » : en effet, ces trois types de personnalité sont les plus tentées de nier leur problème ; autrement dit ils se refusent à reconnaître la manière dont ils ont privilégié un centre donné. Au lieu de recourir aux autres, ils ne font appel qu'à celui qu'ils ont choisi, même là où ils devraient admettre l'intervention des autres. De ce fait, ils s'interdisent même de faire fonctionner

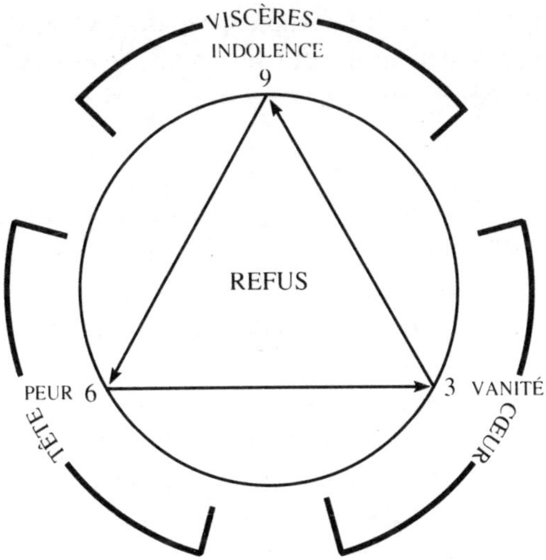

Figure 11

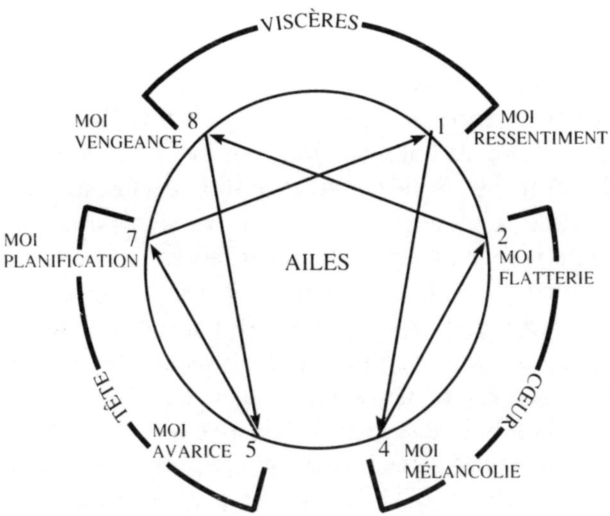

Figure 12

correctement le préféré. Autrement dit, les NEUF ont un problème de fonctionnement instinctif, les TROIS de fonctionnement émotionnel, les SIX de fonctionnement intellectuel.

La figure 12 concerne les types situés en bordure de chaque centre de l'ennéagramme. On les appelle les *ailes*. Chacun d'eux présente une similitude avec le type adjacent relevant le centre voisin. Il tend alors à méconnaître encore davantage le rôle de celui-ci que celui du centre opposé à lui sur l'ennéagramme. C'est donc ce centre voisin qu'il court-circuite le plus volontiers, en plus surimposant celui qu'il préfère, tandis qu'il empêche totalement le centre d'en face en lui substituant celui qu'il a choisi.

Nous analyserons les conséquences de cette distinction entre les *points de refus* et les *ailes* en reprenant chacun des neuf types de personnalités que nous répartirons donc entre « *viscères* », « *cœurs* » et « *têtes* ».

A) Les personnes *viscères*: 8, 9, 1

Les types *viscéraux* ont choisi de fonctionner de préférence sur le centre énergétique de l'instinct. De façon typique, ils abordent une situation donnée en se plantant là et en déclarant : « Je suis comme je suis. Prenez-moi comme ça. » Ils s'attendent à voir les autres se centrer sur eux. Automatiquement, ils se mesurent par rapport à la totalité du groupe ou de la situation. Ils pensent que *le seul fait d'être là* leur garantit le pouvoir. Ils paraissent se dire : « Je m'en tirerai, pour peu que je me laisse porter par le courant d'énergie. Je verrai alors bien que faire. » Ils ont l'impression que cette façon instinctive d'agir est ce qui leur assure un comportement digne et efficace. Tout leur effort consiste à être totalement présents à eux-mêmes et aux autres. Comme leur instinctivité s'est bâtie sur leurs expériences précédentes, ils tendent à s'orienter sur le passé. C'est donc la tâche à accomplir qui commande leur énergie, et ils attendent et exigent beaucoup tant d'eux-mêmes que des autres.

— Dans leur relation aux autres, les HUIT tiennent avant tout à se poser comme forts. Ils veulent en priorité se sentir respectés en tant que personnes aux convictions bien ancrées. Se situant au voisinage du centre *tête*, ils sont également à l'aise lorsqu'il s'agit de réfléchir, mais ils tendent au contraire à renier leur centre sentiment. Cependant, quand il s'agit de rencontre de l'autre, ils ne connaissent plus que leur instinctivité, leur spontanéité, leur enracinement, et ils se refusent à recourir au cœur. Ils pensent alors tout naturellement que cette affirmation de soi leur permet d'être en prise sur les autres, alors qu'ils ne font que tuer leur relation en piétinant les autres. Ils sont incapables de tendresse, et ignorent tout des questions des *cœurs* : « Est-ce que vous m'aimerez ? », ou : « En quoi avez-vous besoin de moi ? » Au lieu de quoi ils ne cessent de répéter : « Vous aurez affaire à moi. »

— Sur l'ennéagramme, les NEUF sont au point de refus du centre *viscères*. Ils tendent à user de leur instinctivité en lieu et place du sentiment et de la pensée, ce qui les empêche de faire fonctionner correctement le centre *viscères* lui-même. C'est ainsi que, faisant fi du cœur, ils négligent de se faire de nouveaux amis et se contentent de ceux qu'ils ont déjà. De même, ils ne pensent qu'avec leurs tripes. D'où la pauvreté de leurs centres d'intérêt et de leur vie intellectuelle. Ils répètent éternellement, suivant par exemple année après année les mêmes émissions sportives. Mais en même temps, leur spontanéité apparaît sans élan. Ils semblent vivre par habitude. Leur énergie instinctive est bloquée, ce qui les empêche de réagir avec vicacité à toute une série de stimuli externes. Ils manquent de naturel et restent inertes devant les événements. Ils se refusent à reconnaître que c'est là leur problème.

— Les UN sont sur l'aile du centre *viscères*, à côté du centre *cœur*. Ils tendent donc à refuser totalement leur centre tête et à le remplacer en faisant appel à la capacité qu'a l'instinct de « penser ». Autrement dit ils ne se posent jamais de questions de type cérébral : « Comment cela va-t-il pouvoir marcher ? » Il est typique de les voir n'affronter une situation qu'avec une pensée faussée, en l'obligeant à se plier à eux plutôt que d'essayer de comprendre comment les différents aspects sont liés. Leur pensée manque complètement d'objectivité.

B) Les personnes *cœur* : 2, 3, 4

Quand ils affrontent une situation, les *cœur* se demandent automatiquement : « Ces gens seront-ils des amis ou des ennemis ? »... « Est-ce que vous m'aimerez, ou non ? » Leur question, c'est de savoir en quoi ils pourront rendre service. Leur but, c'est de vérifier le niveau de leur relation à l'autre. Ils ne cessent de s'inquiéter : « Comment les autres me répondent-ils ? » Ils veulent avant tout savoir si tout va bien entre les gens et eux. Sans cesse à proposer aide et secours, ils font tout ce qu'il faut pour obtenir des autres une réponse favorable.

— Les DEUX sont sur l'aile du centre *cœur*, à côté du centre *viscères*. Tout en acceptant de puiser dans celui-ci, donc de ne pas se limiter à leur centre préféré, le cœur, ils refusent leur centre tête et, quand il s'agit de penser, ils demandent au cœur de s'y substituer. Ils méconnaissent l'intérêt d'une vision large des choses, et ils limitent donc leur souci à celui d'une relation interpersonnelle. Leur conversation habituelle révèle cette étroitesse : ils ne parlent que des personnes qui leur sont proches, sans se préoccuper le moindrement des problèmes mondiaux extérieurs au cercle de leur famille. Ils semblent avoir un préjugé contre toute forme de pensée abstraite, tout au moins dans la mesure où elle n'est d'aucune aide pour ceux qu'ils connaissent.

— Les TROIS sont au point de refus du centre cœur. Autrement dit ils recourent au sentiment alors qu'il y aurait lieu de faire appel aux deux autres centres, ce qui pose un problème concernant leur vie sentimentale. Ils sont connus pour sacrifier leurs sentiments personnels et familiaux à leur succès professionnel. Ils se refusent à vivre au niveau de leur centre préféré, le *cœur*, et ils ne recourent au contraire à lui qu'en lieu et place de la réflexion et de l'instinctivité. Ils se servent de lui pour penser. Ils limitent leur intérêt à ce qui servira leur succès, et ils souffrent ainsi souvent d'un manque de culture qui nuit au développement de leurs talents. Ils ignorent tragiquement la valeur du savoir. Ils ne veulent connaître que ce qui leur est utile, ce qui servira leur passion dévorante. Leur sentiment leur tient aussi lieu d'instinctivité. Ils substituent également le sentiment à l'instinctivité, moyennant quoi, au lieu de se laisser aller à leur réaction instinctive, ils portent un masque. Dans le commerce, dans leur désir d'impressionner favorablement leurs clients, ils gesticulent.

— Les QUATRE se trouvent sur l'aile du centre *cœur*, près du centre *tête*, et ils ont donc un problème avec leur centre *viscères*. Ils vivent au niveau des sentiments, mais ils tendent à les faire fonctionner en lieu et place du centre *viscères*. Au lieu de laisser leur instinctivité s'exprimer d'elle-même, ils n'admettent de réagir corporellement qu'en vue de traduire un sentiment bien précis. Ils sont toujours à se demander comment ils vont s'exprimer, sans jamais se laisser aller à la moindre spontanéité. Cette façon de faire tient à leur désir de ne rien manifester aux autres qu'un sentiment authentique, donc de leur faire comprendre à quel point ce qu'ils ressentent est unique. Leur comportement instinctif paraît toujours emprunté, et ils paraissent toujours en dire plus qu'ils ne sentent effectivement. Leurs mouvements sont empreints d'une espèce de flou artistique qui empêche les autres de savoir ce qu'ils sont vraiment.

C) Les personnes *tête* : 5, 6, 7

Les types *tête* ont choisi la pensée comme la fonction la plus importante pour leur permettre d'exister vraiment. Ils considèrent le savoir comme le moyen essentiel pour entrer en relation avec le monde. Ils se demandent sans cesse : « Comment tout cela va-t-il coller ensemble ? » Ils ne se centrent pas sur les personnes, comme le font les *cœur*, mais considèrent la situation dans sa totalité. Ils cherchent à avoir une vision d'ensemble et à comprendre comment chaque élément y trouve sa place. Ils ont alors un sentiment très vif de ce qui se passe. Les informations qu'ils ont acquises leur permettent de savoir comment *être à la hauteur de la situation.* Ils ne se précipitent pas tout bonnement sur les choses, en se plantant là, comme l'auraient fait les *viscères.* Il leur faut d'abord comprendre, et ce n'est qu'ensuite qu'ils entrent dans le jeu.

Conscients de ce qui arrive, ils savent se mettre à la place des autres et s'efforcent de comprendre comment ils se situent. Ils ne se préoccupent pas de savoir quelle est leur relation aux tiers, mais plutôt de savoir comment ces tiers se rapportent à la situation globale. Cela leur permet de faire preuve d'*empathie* en entrant dans leurs points de vue. En pensée, ils se glissent vraiment dans leur peau.

Toujours à se demander comment contrôler le bon fonctionnement des choses, ce qui les mène, ce sont leurs idées, leurs projets, leurs analyses, bref, ce qui leur permet de situer les choses. Ils se fient entièrement à eux, sans s'inquiéter de la réaction des tiers. S'ils sont convaincus que tout va bien pour eux, c'est que tout va bien. Une fois les choses terminées, ils les rejouent mentalement et décident alors de la façon dont ils s'y prendront la prochaine fois.

— Les CINQ sont sur l'aile du centre *tête.* Ils sont donc ouverts à leur centre *cœur*, mais refusent leur centre *viscères.* Dans leur vie instinctive, ils sont trop conscients d'eux-mêmes. Il ne leur est pas facile d'être spontanés, mais ils tendent au contraire à n'avoir jamais que des actions et des réactions délibérées. Plutôt que de réagir d'instinct, ils réfléchissent à la nouvelle situation. Ils semblent toujours sur leurs gardes. Comme le fonctionnement de la mémoire est d'ordre instinctif, que l'esprit ne le contrôle pas directement, ils ont tendance à oublier le nom des gens. Faisant appel à leur centre *pensée* au lieu du centre *viscères*, ils peuvent imposer à leur corps des mouvements de régularité d'horloge. En sport, ils sont souvent maladroits, parce qu'au lieu d'user du flot d'énergie instinctive nécessaire pour réagir avec rapidité et assurance, ils font appel à leur réflexion.

— Se situant au point refus du centre *tête*, les SIX tendent à faire appel à celui-ci de préférence aux autres, et ils ont donc un problème pour le faire bien fonctionner, pour *savoir*. Mais ils ne l'admettent pas. Ils inclinent à refuser toute nouvelle connaissance qui pourrait entraîner une nouvelle exigence ou constituer une menace. Ils s'en tiennent avec conviction à ce qu'ils savent déjà, et pensent que tout ajout à leur bagage intellectuel entraînerait un surcroît de responsabilités. Leur acquis est pour eux source d'une sécurité que toute nouvelle situation conflictuelle viendrait remettre en cause, et ils ne tiennent pas du tout à se sentir dérangés. En en restant au niveau de la *tête*, mais sans jamais admettre aucune modification de leurs idées, ils pensent garantir leur tranquillité. Aussi répugnent-ils à toute lecture sérieuse et fuient les libraires qui pourraient influencer leur pensée. Considérant toutes les nouveautés comme menaçantes, ils les envoient promener, en les déclarant « d'avant-garde ». Ils font appel à leur tête pour sentir et pour réagir. Ils entendent bien contrôler ainsi tous leurs mouvements. Ils n'exécutent que ceux que leur raison leur commande. Aussi leur corps ne les exprime-t-il pas du tout : il n'existe qu'au service de leurs idées. D'où leur comportement *rigide*, par exemple dans les réunions : ils considèrent comme essentiel qu'on y respecte les règles. Ils font également fonctionner leur *tête* au lieu de leur *cœur*. Dans leur travail, leur sens poussé de leurs responsabilités les empêche de s'inquiéter de savoir si les autres les aiment ou non, ce que ne manqueraient pas de faire les *cœur* : ils ne sauraient permettre de mettre en danger le succès de l'opération, en tenant compte des problèmes relationnels ou sentimentaux. Persuadés qu'on les aimera d'autant plus qu'ils en auront fait davantage, ils peuvent abattre un travail énorme. Ils ne leur vient pas à l'idée qu'il existe une relation cruciale entre sentiment et amour. Quand ils ont des enfants, ils pensent que ceux-ci doivent les aimer du simple fait qu'eux-mêmes leur ont procuré tout ce dont ils avaient besoin, sans avoir jamais songé à leur prodiguer un geste d'affection et sans avoir pris jamais le temps de parler intimement avec eux. Ils ont beaucoup de difficulté à faire part de ce qu'ils ressentent, et ils ne savent jamais raconter leur vie qu'en fonction de ses épreuves, ignorant que c'était un merveilleux voyage. Ils ne voient les problèmes moraux qu'en termes de bien ou de mal, de conformité ou de non-conformité aux lois et aux décrets. Ils se sentent mal à l'aise au souvenir de la moindre zone d'ombre au cours de leur croissance. Il leur paraîtrait bizarre de pouvoir dire aux gens de ne pas se tracasser, d'admettre qu'ils en sont tout simplement là. Ils pensent qu'il n'y a qu'à se conformer aux principes du groupe ou à « dégager », ce groupe fût-il la famille, l'Église ou la nation.

— Les SEPT sont des *tête* qui se situent sur l'aile proche du centre *viscères*. Ils font appel à leur pensée quand ils devraient faire appel à leur *cœur*. En conséquence, ils imposent leurs plans aux autres sans se soucier de ce que ceux-ci peuvent vraiment ressentir. Ils ignorent totalement le genre de question qui serait celle des *cœurs* : « Êtes-vous de mes amis, ou de mes ennemis ? » Ils se servent simplement de leur cervelle pour bâtir des plans qui leur tiennent lieu de sentiments, et ils supposent que tout le monde sera content d'être ainsi planifié. En dépit de leur vivacité, il est fort difficile d'entrer en contact intime avec eux. Ce sont des amateurs de *soirées*, mais ils n'en détestent pas moins tout ce qui est fusionnel. Ils multiplient les contacts, sans jamais se laisser aller à l'intimité avec une personne précise. C'est leur tête qui commande leur vie, et ils concluent qu'ils plairont à tous en organisant de joyeuses activités.

III

Le dépassement des compulsions

5

Réagir contre sa compulsion

Ceux qui ont une compulsion ont besoin d'aide. Celle-ci peut provenir de trois sources : soi-même, les autres et Dieu. Le compulsif peut s'aider en s'efforçant de comprendre ses problèmes et en s'efforçant d'y trouver une solution ; il peut trouver appui dans les autres, en particulier dans ses amis capables de comprendre ses difficultés et de l'assister pour s'en libérer ; il peut également chercher soutien en Dieu, en découvrant par la foi le salut que celui-ci lui offre.

Ces trois formes d'aide ne sont que les trois aspects de la *rédemption*. Ce mot désignait la rançon qui servait à racheter un esclave. Et, de fait, la compulsion est une forme d'esclavage. Elle est une sorte d'entrave intérieure empêchant quelqu'un d'accéder en pleine liberté à la totalité de son humanité. Pour se libérer de cette servitude, il faut en payer le prix. C'est ce que jésus inaugure pour l'humanité tout entière, dans sa passion et dans sa mort. Ainsi nous appelle-t-il tous à perdre notre vie pour la trouver (Mt 16, 28). Il unit ses disciples en leur demandant de se mettre au service les uns des autres (Jn 13, 14 suiv.). Il insiste sur la nécessité de vivre dans la confiance, pour nous ouvrir à l'intervention salvifique de Dieu et pour participer ainsi à son Royaume.

Tel est l'objet de ce chapitre : montrer *l'action à entreprendre* contre la compulsion, donc pour passer de cette situation de dépendance à celle de « racheté ». Non pas qu'on doive changer son type ennéagrammique pour en adopter un autre : on ne saurait revenir sur le choix déjà opéré pendant l'enfance. Le salut ne consiste pas à effacer la personnalité existante, mais à le *transformer en profondeur* en jouant sur les causes *originelles* de la compulsion. On peut comparer cette personnalité à un arbre qui garde toujours la forme acquise lors des premiers stades de son développement, mais qui se met soudain à porter fleurs et fruits comme jamais il ne l'avait fait auparavant, acquiert ainsi une beauté jusque-là inconnue, et devient pour tous source de vie.

La « rançon » nécessaire prend une forme différente, selon la personne qui intervient : soi-même, les autres ou Dieu. Le soi la paie en prenant le contrepied de sa spontanéité, ce que nous traduirons symboliquement en parlant de direction inverse à celle de la flèche figurant sur l'ennéagramme, autrement dit en décrivant un *agere contram*, une « réaction » contre la tendance instinctive : on se défend de la compulsion en tentant de la compenser. Ainsi l'ennéagramme propose-t-il une carte claire de l'orientation que doit prendre chaque type de personnalité. Le prix à payer peut aussi consister dans l'aide qu'apporte l'ami. Quant à celui qu'acquitte Dieu, il a déjà été réglé en Jésus. Dans le chapitre 6, nous aurons à examiner ce que cela peut signifier à propos de chaque compulsion particulière, autrement dit les différents aspects, intellectuel, affectif et instinctif, de la *conversion*. Nous verrons que la conversion intellectuelle consiste à échapper à un « piège » en adoptant un certain « idéal de sainteté », la conversion affective dans une transformation des passions en vertus, et la conversion instinctive en réception de l'Esprit, ceci selon des modalités propres à chaque type de personnalité.

Aller en sens contraire de la flèche

Contribuer soi-même à se racheter revient à « aller en sens contraire de la flèche » de la compulsion, autrement dit à s'orienter en sens inverse de ce en quoi chaque type de personnalité voyait jusqu'alors son motif de fierté. C'est ce que présente la *figure 13*. La *figure 14* présente le schéma général de Dunne, indiquant comment inverser ces flèches en fonction des trois types de comportements préférés : *1)* Agressif, *2)* Dépendant, *3)* En retrait.

1) Les types agressifs : 8, 3, 1

Les types agressifs réagissent contre leur compulsion à l'agressivité en allant en sens inverse de la flèche orientée vers le comportement de dépendance. Au lieu de tourner leur agressivité contre la société, ils apprendront ainsi à accepter le monde tel qu'il est.

— Les HUIT agissent contre leur compulsion à l'agressivité en adoptant ce qui constitue la fierté des DEUX, c'est-à-dire de ceux qui prétendent toujours aider les autres. Ces DEUX ne perçoivent la société que comme un ramassis de clients en attente de leurs soins ; ils désirent qu'on ait besoin d'eux ; se pensant généreux, ils se disent prêts à donner leur vie pour les autres ; ils mettent leur orgueil à devenir indispensables et à se compter ainsi beaucoup d'amis ; ils détestent la violence, qu'elle soit dirigée contre les autres ou contre eux. Tout ceci constitue un bon antidote à l'agressivité des HUIT, si habitués à marcher sur les pieds des autres, mais si peu habitués à faire preuve de tendresse. Ils acquerront de la douceur en apprenant des autres à prêter attention aux besoins de leurs proches, en se faisant de ceux-ci des amis. En tant que *viscéraux*, ils étaient habitués à intervenir en se plantant là et en centrant tout sur eux, comme s'ils étaient vraiment au centre du monde. En allant en sens inverse de leur compulsion et en se tournant vers les DEUX, ils régénéreront leur centre *cœur*, ce qui leur

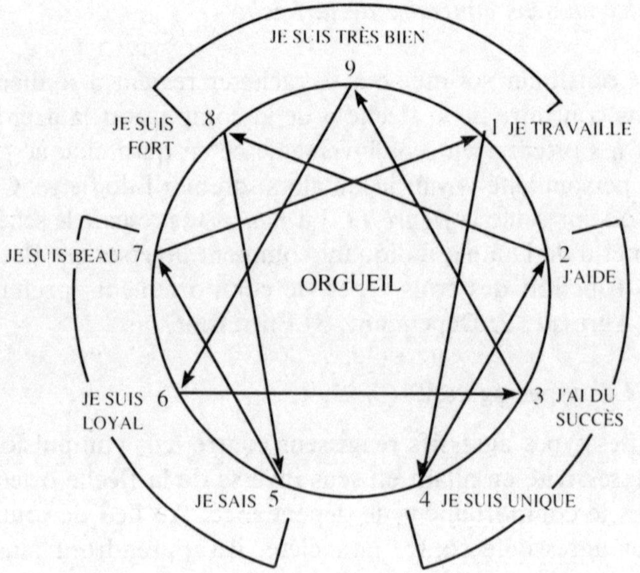

Figure 13

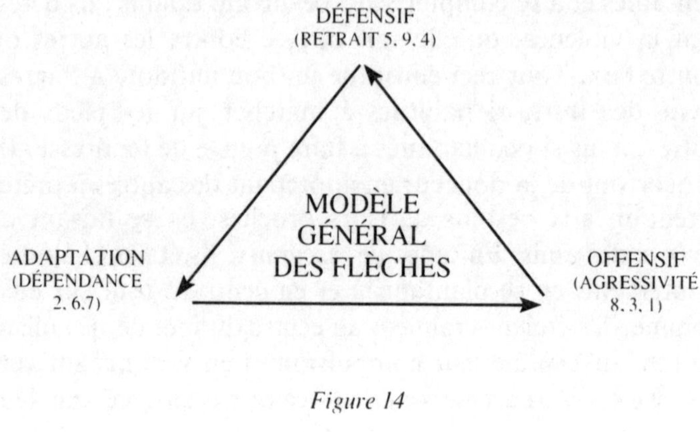

Figure 14

permettra de tenir compte des autres au lieu de ne penser qu'à eux. Cessant de toujours vouloir se mesurer aux autres, ils accorderont de la place à leurs propres sentiments, n'en gagnant que plus l'affection et l'estime de leur entourage. Prenant « cordialement » conscience de l'importance de la communion interpersonnelle, ils se soucieront davantage de l'amour des autres. Cessant de faire brutalement intrusion dans la vie de ceux-ci, de s'imposer à eux, ils sauront mieux s'adapter à leurs besoins et admettre enfin qu'ils peuvent leur devoir quelque chose.

— Les TROIS réagiront contre leur compulsion à se comporter agressivement en adoptant ce qui fait la fierté des SIX, c'est-à-dire de ceux qui mettent leur fierté dans leur loyauté (envers les normes du groupe). Ces SIX se veulent avant tout fidèles, ce qui leur donne un sens aigu de l'autorité et de ses désirs. En s'orientant vers eux, les TROIS découvriront comment mieux tenir compte du groupe, comment collaborer, comment admettre les normes communes. Cela les détournera de leur tendance à ne l'utiliser qu'à leur propre avantage, pour leur avancement. Comme les SIX, ils pourront admettre la légitimité de l'intervention de l'autorité en matière de *conscience.* Désireux d'atteindre les buts qu'ils se sont eux-mêmes fixés, ils sont tentés de mépriser les lois et les normes sociales, et se montrent toujours prêts à tirer profit des autres, fût-ce au prix d'un mensonge ? Ils réagiront contre ce défaut d'intégrité personnelle en acceptant de soumettre leurs activités, leurs affaires aussi bien que leur vie personnelle, à un code de lois civiles et morales. En adoptant pour modèle l'image du citoyen obéissant et loyal, ils contreront leur volonté de succès à tout prix. Au lieu de confondre leur vie et leur ambition, ils mettront désormais leur fierté dans la fidélité et le dévouement dont ils feront preuve envers leurs relations familiales.

S'orienter ainsi vers les SIX revient aussi à faire siennes les caractéristiques des *cérébraux.* Les TROIS ont tout à gagner à examiner avec objectivité comment mieux faire fonctionner la société, comment agir en fonction du tout et de son bien commun. Étaient-ils compulsivement poussés à se construire leur royaume par opposition aux autres ? Il leur faut désormais réfléchir avec leur tête à leur vocation sociale, à ce que peut signifier l'esprit de coopération et d'interdépendance. Ainsi pourront-ils cesser de ne vivre que pour leur affaire, et tenir au contraire de plus en plus compte des autres. Ce sens de la loyauté, cette façon de se décentrer de leur propre réussite pour se centrer sur celles de tous, leur procureront un sentiment aigu de satisfaction.

— La réaction des UN contre leur compulsion agressive consiste à faire leur ce qui est sujet de fierté pour les SEPT. Face à l'avenir, ceux-ci font preuve d'optimisme et d'enthousiasme ; ils abordent sans envie et sans soupçon les autres, les situations ; ils savent faire part de leur joie de vivre en racontant des histoires amusantes ; ils mettent toujours en valeur le côté positif de la vie, en en oubliant les tensions et les peines. Les UN ne pourront que gagner à prendre ainsi la vie du bon côté. Ils ont besoin de perdre un peu de leur sérieux. Cela les aidera à tenir leur place dans des réunions un peu bêtes, à y prendre leur part de plaisir. Il leur faut apprendre à apporter un peu de soleil dans la vie des autres. En découvrant ce que peut être la joie, en admettant aussi les taquineries des autres, ils pourront s'accepter eux-mêmes et accepter le monde tel qu'il est.

S'orientant ainsi vers les SEPT, ils y gagneront aussi un peu de *tête*, autrement dit ils se montreront plus capables d'approcher la réalité avec quelque objectivité, de façon moins passionnelle. Tout les déçoit et ils trouvent que rien ne va comme cela devrait aller ? Erreur de ne voir ainsi partout que faute et de ne jamais se satisfaire de rien. Ils sont toujours poursuivis par le remords ? : « Était-ce bien ?... Qu'est-ce qui n'a pas marché ?... Qu'est-ce qui a manqué ? » Il leur faut cesser d'attaquer, et accepter la société telle qu'elle est. Cela signifie qu'il leur faut faire un peu plus appel à leur cervelle, écouter le langage de la réalité plutôt que d'être sans cesse à partir en croisade contre elle. En découvrant ce qui va vraiment bien autour d'eux, ils ces seront enfin d'être toujours à se faire du souci, à râler, à se tracasser. Faisant leur le penchant des SEPT à s'amuser, à distraire les autres par leurs bonnes histoires et leurs anecdotes, ils se déferont de leur tendance à la colère et s'adapteront mieux à leur entourage. Tout comme les SEPT, qu'ils voient donc les bonnes choses, et non plus ce qui ne marche pas !

2) Les types dépendants : 2, 6, 7

Les types dépendants réagissent contre leur compulsion à se plier aux circonstances en suivant la flèche les conduisant vers un comportement de retrait. Au lieu de toujours se conformer à la réalité sociale, ils s'en défendront un peu plus.

— Les DEUX réagissent contre leur compulsion à dépendre de l'approbation des autres en adoptant le motif de fierté des QUATRE quand ils se disent uniques (donc incompris). Ces QUATRE sont romantiques ; ils se voient entourés de belles choses qu'eux seuls, pensent-ils, sont vraiment capables d'apprécier ; leur passion pour la spontanéité et la grâce, les conduit souvent à se retourner vers la nature, avec sa simplicité et sa fraîcheur. Incapables d'exprimer leurs sentiments profonds, ils sont enclins au ritualisme, à la dramatisation, au théâtre, bref, à tout ce qui leur paraît pouvoir exprimer pleinement leur originalité et leur caractère unique.

Les DEUX auront tout à gagner à s'orienter vers les QUATRE, donc à s'efforcer de s'exprimer eux-mêmes, avec ce qu'ils ont d'unique et de spécial, comme des personnes capables de sentiments profonds de joie et de peine. Ils pourront ainsi se libérer sur leur fixation sur soi, et aider les autres sans plus en faire une nécessité. Faisant leur ce qui est fierté pour ces QUATRE, ils pourront admettre leur propre besoin de se voir appréciés, non plus seulement pour ce qu'ils font pour les autres, pour leurs dons, mais pour ce qu'ils sont, avec leur histoire particulière. Ils découvriront qu'on peut les aimer uniquement pour leur caractère sensible et affectueux. Au lieu d'être toujours à vouloir tenir compte des besoins des autres, ils pourront prendre un peu plus de temps pour méditer sur leurs sentiments et chercher comment mieux exprimer leur réalité de personne. Ainsi accorderont-ils plus de place au *cœur*, et en deviendront-ils plus aptes à partager leurs sentiments intimes.

— Les SIX réagissent contre leur compulsion à dépendre de la réalité extérieure et à s'y conformer en s'opposant à leur flèche et en adoptant l'attitude qui fait la fierté de ceux qui sont continuellement à déclarer qu'ils se trouvent très bien comme ça. Il est bien rare de voir les NEUF se laisser troubler par quelque conflit intérieur, et ils insistent toujours pour qu'on leur laisse la paix ; ils excellent à réconcilier les gens ; ils sont naturellement objectifs, impartiaux, calmes, et ils aiment arranger les choses.

En s'orientant en ce sens, les SIX feront plus confiance à leurs instincts spontanés, et ils cesseront donc de toujours se tracasser de ce que pensent les autres. Ils ont besoin de la tranquillité d'esprit des NEUF. C'est dire qu'ils doivent se montrer un peu moins *cérébraux* et un peu plus *viscéraux*, autrement dit se fier davantage à leurs réactions spontanées. Ils se méfieront moins de tout ce qui est nouveau. Au lieu d'être toujours à se demander comment coller à la situation, ils se sentiront le droit de dire leurs appréhensions et protester : « Je suis là ! Tenez compte de moi. » Les SIX ont besoin de la confiance des *viscéraux*, celle qui leur permettra de croire qu'ils existent vraiment, alors même qu'ils se laissent porter par le courant. Cessant de toujours se croire responsables devant la règle, ils n'auront pas à douter de leur instinct, de leur capacité à réagir adéquatement aux situations. Leur compulsion les induit à se faire un monde de toute parole venant de l'autorité, ou de la tradition, comme si les normes extérieures étaient un but en soi. Ils vivront plus sainement en adoptant un peu de l'attitude spontanée des NEUF et en admettant que l'essentiel, c'est l'harmonie entre les personnes et en soi-même. Ils tendent à projeter leurs conflits intérieurs sur les autres ? Ils exagèrent l'importance de certaines observances extérieures, au détriment de cette valeur supérieure qu'est la paix ? Ils apprendront à mettre au-dessus de l'obéissance aux normes et aux coutumes l'amour et l'entente.

— Les SEPT réagissent contre leur compulsion à dépendre du déplaisir en allant contre le sens de la flèche, donc en faisant leur la fierté des CINQ, de ceux qui affirment toujours savoir. Au lieu de chercher constamment à se mettre au diapason de la société, ils trouveront grand avantage à en prendre un peu de distance, à la façon de ces derniers. Ces CINQ cherchent le savoir pour lui-même. Ils prennent du recul pour mieux voir le panorama d'ensemble. Ils pensent par idées générales, par systèmes qu'ils induisent à partir d'un examen de toutes les données d'un problème. S'habituant ainsi à réfléchir, et devenant de ce fait plus réalistes, les SEPT seront un peu plus capables de juger de la réalité. Ils cesseront de projeter leur optimisme sur la vie, ce qui les rendait superficiels. Ils deviendront plus observateurs, plus intuitifs, et apprendront à se mettre davantage dans la peau des autres. Au lieu de prétendre que tout est beau, ils découvriront ce que peut être la joie de percevoir la complexité du monde. Cette meilleure perception des choses leur permettra aussi de se rebrancher sur leur propre « source intérieure » de sagesse, ce qui, en retour, leur fera approfondir leur communication avec les autres. Plus réfléchis, ils seront également plus tolérants. Ils admettront mieux la peine nécessaire pour mener à bien des tâches difficiles, mais importantes et pleines de signification. Plus retenu, leur comportement sera moins léger. Les SEPT sauront enfin reconnaître que l'essentiel, ce n'est pas de tout trouver plaisant, mais de *se reconnaître partie prenante de la réalité.*

3) Les types en retrait : 5, 9, 4

Les types en retrait réagissent contre leur tendance à se rétracter et à se distancier des choses et des gens en allant en sens inverse de la flèche, donc en adoptant un comportement plus affirmatif. Ils passent ainsi d'une attitude défensive à une attitude offensive à l'égard de la société.

— Les CINQ réagissent contre leur attitude compulsive de défense en adoptant le motif de fierté des HUIT, toujours prêts à déclarer : « Je suis fort. » Ces HUIT mettent leur point d'honneur à ne jamais se laisser marcher sur les pieds, à ne jamais laisser les autres prendre avantage sur eux ; ils percent à jour les hypocrites et les prétentieux ; ils sont naturellement portés vers le pouvoir, entendant bien dominer. Pour eux, pas d'autre solution aux problèmes que de prendre la direction des choses ; ils savent affronter sans trembler personnes et situations ; leur plaisir, c'est de vivre intensément.

En s'orientant en ce sens, les CINQ apprendront à user de leur pouvoir, au lieu de toujours battre en retraite. Certes, il ne s'agit pas pour eux de se montrer aussi assurés d'eux-mêmes que les HUIT, mais ils ont cependant tout à gagner à se montrer plus agressifs. Ils trouveront grand bénéfice à vivre davantage sur leur centre instinctif. Vivant trop de leur tête, ils ont souvent honte de leur corps ; mais le corps a sa propre sagesse, et il est capable de faire face à certaines situations beaucoup plus rapidement que ne saurait le faire une personne à la pensée réfléchie. A trop délibérer, sous prétexte de mieux saisir la vérité des choses, les CINQ manquent souvent des occasions. Ils réagissent trop lentement et se montrent incapables de trouver les mots, les gestes, les sentiments appropriés au moment. En acceptant leurs *viscères*, ils deviendront plus sûrs d'eux-mêmes, même s'ils ne sont pas assurés d'avoir raison. Ils pourront se poser avec force face aux autres, et donc obliger ceux-ci à leur répondre, à admettre leur vision des choses. En conférant ainsi une « musculature intérieure » à leur personnalité, ils auront un sens accru d'eux-mêmes, ce qui leur faisait terriblement défaut. Bien que faisant partie du genre qui va répétant sans cesse : « Le monde n'est pas à ma hauteur », ils ne s'en sentaient pas moins incapables et vides. Faisant désormais confiance à la sagesse de leur centre instinctif, et obligeant les autres à tenir compte d'eux, ils seront plus créatifs.

S'engageant, ils ressentiront moins le besoin de tout connaître avant de plonger dans le monde. Les HUIT, eux, réagissent instinctivement et ne réfléchissent qu'après. Les CINQ, au contraire, sont les spécialistes de la réflexion. Mais leur trésor n'en sera que plus grand s'ils cessent de dénier toute valeur à leurs réactions viscérales. Ils évitaient les autres pour protéger leurs idées des vols et des abus. Il ne peut que leur être profitable de subir quelques blessures dans les batailles de la vie, de s'autoriser à un peu plus de spontanéité, et de reprendre pied sur terre.

— Les NEUF reprendront vie en s'orientant vers la vertu des TROIS, toujours si fiers de réussir. Pour ces TROIS, vivre signifie agir, mener à bien les choses. Ce sont des gens de compétition. Ils ne laissent jamais leurs sentiments interférer avec leur ambition. Ils aiment les signes tangibles de progrès. Ils savent recruter leur équipe, la lancer sur un objectif commun. Du fait de leur enthousiasme et de leur façon de se mettre en valeur, ils sont convaincus de pouvoir atteindre leur but. La société admire souvent leurs réalisations.

Pour les imiter et devenir ainsi des gens d'initiative, les NEUF doivent apprendre à découvrir les ressources dont ils disposent, leurs dons. Pour ce faire, il leur faut devenir plus *cœur*, autrement dit se demander comment devenir plus aimables, plus agréables, apprendre à entrer en relation personnelle, découvrir comment faire place au sentiment. Souvent, ce sont des personnes qui ont grandi sans l'affection de leurs parents. Elles en sont arrivées à croire qu'on ne les aimait pas et qu'elles n'avaient pas à s'attendre à ce qu'on le fasse. Elles s'y sont résignées. De là vient leur stratégie défensive, celle qui les garde contre la peine et la souffrance du délaissement : « On m'oublie ? Bien ! De toute façon, la vie n'a pas grande importance. On fait beaucoup d'histoire pour rien. Pourquoi m'en tracasser ? » En apprenant donc à user davantage de leur centre *cœur*, les NEUF commenceront à percevoir comment l'amour peut venir épanouir ce qui sommeillait au fond d'eux-mêmes. En se découvrant aimés, en s'admettant eux-mêmes avec leurs dons et leur valeur, ils commenceront eux-mêmes à aimer. Sans doute ne pourront-ils forcer personne à s'attacher à eux, mais ils peuvent tout au moins prêter plus d'attention aux problèmes du cœur, prendre soin de leur apparence et provoquer ainsi les autres à leur répondre. Ils doivent donc prendre plus d'initiatives, s'intéresser à des choses nouvelles, ce qui les rendra plus *attirants et plus intéressants.* Faisant place à l'amour, ils découvriront que la vie est infiniment plus importante qu'ils ne l'auraient rêvé. Ils pourront surmonter les effets néfastes du manque d'affection de leur enfance, et l'existence en deviendra passionnante.

— Les QUATRE se libéreront de leur compulsion à rester en retrait en faisant leur ce qui fait la fierté des UN, toujours à répéter : « Je travaille dur. »

Ces UN ne se sentent vivre qu'en faisant des efforts pour combattre le mal, le désordre et l'erreur. Ils sont sans relâche à la poursuite de la perfection qui leur échappe. Ils interviennent partout, veulent tout corriger. Pénétrés du désir d'apprendre aux autres à faire mieux, ils se considèrent comme des défenseurs de la vérité. Ils se précipitent sur toute activité susceptible de les faire progresser. Ils mettent leur orgueil dans leurs durs efforts pour bien faire, pour être bien.

En se guidant sur ces UN, les QUATRE renonceront à leur attitude défensive vis-à-vis du monde et s'affirmeront davantage. Au lieu de se lamenter sur l'incompréhension dont on fait preuve à leur égard, ils pourront se montrer plus critiques à l'égard de leur entourage et faire des efforts pour y changer quelque chose. En adoptant un peu de l'idéalisme des UN, de leur quête d'un monde meilleur, ils en acquerront un sens plus exact de leur propre personne, et ils découvriront combien leur finesse et leur sensibilité peut contribuer à l'amélioration des autres. En s'opposant au monde, ils cesseront de se complaire dans leur originalité, et ils deviendront capables de pousser les autres à faire mieux. Cela ne veut pas dire qu'ils devront renoncer à leur propre compulsion pour devenir de ces gens toujours prêts à accabler les autres de leurs critiques, comme le font les UN ; mais simplement qu'il leur faut *s'engager* davantage dans la réalité, être plus francs, plus directs, plus entreprenants ; donc faire davantage fond sur le centre énergétique qu'ils négligeaient, l'instinctivité, et obliger ainsi les autres à répondre à ce qui fait leur propre valeur.

Trouver l'aide des amis

L'aide d'un ami capable de comprendre vos tendances et assez adroit pour les réorienter est un autre moyen de se libérer de la compulsion dont on souffre. Nous suggérerons ici quelques manières de répondre aux besoins de chaque type de personnalité.

Les UN sont perfectionnistes, trop rigoureux dans leurs façons de se critiquer et de critiquer les autres ; ils sont tentés de forcer la note sur un point donné. Un ami pourra énormément les aider, non en les *reprenant*, mais en leur *posant des questions.* S'intéressant à leurs dons personnels, il les encouragera ainsi à changer leurs façons d'intervenir. Ils ont besoin qu'on les écoute en se mettant sur leur longueur d'onde, sans quoi ils ont l'impression qu'on ne les comprend pas. L'ami aura à prendre au sérieux leurs ressassements en sachant leur dire : « Ce doit être très important, puisque vous y revenez toujours. » Ils ont besoin d'apprendre à rire, et ils trouveront donc étonnamment profit auprès de celui qui leur enseignera à prendre leurs faiblesses avec humour. C'est en les *taquinant* qu'on leur fera voir tout naturellement leur excès de sérieux. Ils aiment cette taquinerie, mais ils y répondent parfois avec plus d'aigreur que de douceur.

Les DEUX se croient indépendants alors qu'ils sont en

réalité très dépendants de la façon dont on apprécie leurs services. Un véritable ami les aidera à *admettre leurs propres besoins.* Il leur permettra de prendre conscience de leurs sentiments et d'admettre sans scrupules leurs manques, en leur faisant sentir la grandeur qu'il peut y avoir à s'accepter comme simple humain, comme tous les autres. Pour cela, il lui faudra se garder de *se servir* d'eux : c'est si facile de leur demander de satisfaire des petits caprices, tant ils « marchent » sans jamais faire d'objection. Ce dont ils ont besoin, c'est d'une affection qui les nourrisse. Mais ils ne savent pas la demander, tant ils détestent réclamer ce qu'il leur faudrait. Ce n'est certainement pas en leur tapant sur l'épaule pour les remercier ou en les félicitant continuellement pour un rien qu'on les aidera à sortir de leur compulsion : un véritable ami se refusera donc à les approuver chaque fois qu'ils rendent un service. Au lieu de les aimer pour ce qu'ils font, il les aimera pour ce qu'ils sont. Le vrai moment pour leur crier bravo, ce n'est pas quand ils viennent de se donner du mal pour les autres, mais quand ils sont vraiment eux-mêmes.

On aidera les TROIS en les reconnaissant en tant que personnes, et non plus en tant que bêtes de travail. Un véritable ami peut leur permettre de devenir eux-mêmes en reconnaissant, en appréciant et en mettant en valeur leurs qualités personnelles. Il lui faudra leur répéter combien leur véritable succès, c'est d'être ce qu'ils sont. On devra aussi les aider à admettre avec réalisme leurs failles, leurs erreurs, leurs frustrations. L'ami se refusera à parler de leur dernier échec comme d'un « grand succès », sachant bien que la capacité de reconnaître l'échec est essentielle pour faire vraiment face à la vie. Il leur redira combien il peut se sentir plus proche d'eux quand ils se retrouvent au niveau de l'humanité ordinaire. Comme les TROIS vivent toujours dans une mentalité de compétition, il faut savoir les rappeler à un peu plus de modestie, souvent en minimisant les choses. Ils n'ont pas conscience de la façon dont ils se laissent affecter par leurs sentiments ? Ils font perpétuellement preuve d'assurance et d'enthousiasme ? On les forcera donc à préciser leurs affirmations, à maîtriser leur ostentation. Quelle chance ne sera pas pour eux l'ami capable de leur faire remarquer qu'ils dépassent la mesure ! Ils ont tendance à préférer la quantité à la qualité ? Ils sont toujours à rêver de réussite ? Peut-être, enfants, ne leur a-t-on jamais montré qu'on les aimait pour autre chose que pour leurs succès, de telle sorte que ceux-ci sont devenus leur seule source de fierté ; ils ne se voient plus alors eux-mêmes que de l'extérieur, comme s'ils se *confondaient* avec leur réussite. Ils ont alors besoin qu'on leur montre combien leur vraie valeur ne tient qu'à leur personne, et non à la multiplication de leurs performances. L'ami qui les aimera simplement pour eux-mêmes les aidera à se dégager peu à peu de l'amour inauthentique qui les conduisait jadis à ne plus se reconnaître de valeur qu'à la mesure de leur réussite.

Les QUATRE sont toujours à raisonner. Ils s'interrogent sans cesse sur le pourquoi des choses. Un ami leur rendra service en leur rappelant de faire plus fond sur leurs propres forces, sans toujours vouloir se porter aux extrêmes, en n'hésitant pas à leur faire part de son propre point de vue. La clef, ici, c'est la relation, car les QUATRE n'accepteront d'envisager les choses d'une autre manière que dans la mesure où ils auront le sentiment qu'on les a eux-mêmes compris, ce que seul un ami saurait faire. Face à leur soif d'informations, on aura à leur apprendre à apprécier les choses les plus simples de la vie.

Les CINQ ont besoin d'un ami qui les aide à sortir de leur trou et à cesser de se poster comme d'éternels observateurs des choses. Comme ils sont capables d'attendre sans fin, il lui faudra donc beaucoup de patience pour leur permettre de s'arracher à eux-mêmes. Connaissant l'importance de leur monde intérieur, il lui faudra faire preuve d'obstination pour les obliger à faire montre de leurs capacités, pour cesser d'entasser leurs connaissances et accepter enfin d'en faire bénéficier les autres. Il les encouragera à devenir plus actifs, à prendre plus d'initiatives auprès des autres. Il s'agit de les pousser en scène en leur criant : « Danse. »

Le plus grand obstacle à la progression des SIX, c'est leur peur. Un ami les soutiendra donc en les aidant d'une manière ou d'une autre à faire preuve de courage. Il est important d'éviter les conseils. Il faut au contraire les pousser à prendre eux-mêmes leurs décisions. La meilleure question à leur poser consiste à leur demander ce qu'ils veulent vraiment *eux-mêmes.* Il faudra alors leur redire que, même si cette décision n'aboutit pas, c'est pourtant la meilleure possible du moment qu'elle est la leur et qu'ils s'y tiennent. Il faudra beaucoup de patience pour les aider à choisir ainsi tout seuls. Dans un groupe, c'est à eux qu'il faudra demander en premier leur avis, car leur compulsion les pousse à se rallier à celui des autres ; encore faut-il leur donner le temps nécessaire pour réfléchir avant de répondre. Ils ont aussi besoin qu'on les aide à prendre conscience de leur peur à propos des choses les plus quotidiennes. Quand ils ont à exercer leur autorité, leur crainte de voix dissidentes leur fait souvent prendre une attitude *autoritaire* : il s'agit de faire voir qui est le patron. Un ami les aidera donc à trouver une façon plus constructive de diriger en partageant leurs responsabilités avec les autres et en leur faisant confiance, au lieu de vouloir tout garder sur leurs épaules.

Les SEPT sont des rêveurs. Tirant sans cesse des plans sur l'avenir, ce sont des enthousiastes, mais leurs réalisations ne correspondent pas à leurs attentes. Un ami les appellera à faire preuve de plus de réalisme en les forçant à comparer ce qu'ils disent et ce qu'ils font. Il les encouragera à limiter leurs ambitions en leur faisant voir à quel point leurs projets dépassent leurs possibilités. Conscient de leur tendance à éviter toute peine, il les aidera à reconnaître qu'il n'est pas nécessaire de tout voir en rose, et qu'il n'est pas mauvais de s'attendre à voir la vie présenter bien des difficultés. Il est important de se garder de venir à leur rescousse devant les conséquences néfastes de leur inaction.

L'ami les aidera donc en les laissant tirer les conséquences de leur perpétuelle remise au lendemain. Il faut les mettre en face de leurs négligences et leur rappeler la nécessité de suivre jusqu'au bout la réalisation d'un projet, une fois qu'on l'a lancé. Les SEPT ont besoin de prendre conscience des peines et des difficultés que leur négligence peut provoquer chez les autres, car leur compulsion tend à les leur faire ignorer. L'ami saura donc leur dire en face combien leur laisser-aller et leur façon de repousser sans cesse les choses sont dangereux : leur désir de vouloir tout le monde heureux pourra alors les conduire à mériter davantage confiance. En les appelant à rendre des comptes, l'ami les forcera en tout cas à mieux tenir compte de la réalité, au lieu de toujours arranger les choses.

Les HUIT sont en recherche de la stricte justice. Ils se dressent avec force contre tout ce qui ne va pas, sans se rendre compte de ce que pensent les autres. Ils tireront donc bénéfice de l'ami qui leur fera part des réactions de leur entourage. Étant donné qu'ils réagissent vis-à-vis de lui comme s'il n'était qu'un étranger, il lui faudra beaucoup de force, s'il veut que cette amitié soit réel partage. Il lui faut être capable de faire face à des affirmations du genre : « Savez-vous ce que je ressens, quand vous dites cela ? » Ainsi apprendront-ils à respecter ceux qui prennent vraiment la responsabilité de leurs sentiments. Il sera cependant bon de ne pas répliquer à leur agressivité par une agressivité semblable. Pour les aider, il faut beaucoup de gentillesse, car les HUIT aiment se battre et seront donc toujours tentés de répliquer avec virulence, même si celui qui se plaint de la brutalité de leurs propos est un ami cher ; ils rejettent sans cesse la faute sur les autres : eux n'ont fait qu'être eux-mêmes, et ce sont les autres qui se trompent à leur propos. Ils ont besoin d'apprendre à répondre en tenant compte de la sensibilité des gens, en prenant conscience de la violence de leurs réactions. L'ami devra donc savoir ne pas reculer et continuer à faire appel à leur côté tendre : il y a bien des manières de dire la vérité, et l'arrogance n'est pas la seule façon de mettre les choses au point et de faire part de ce qu'on veut effectivement communiquer. Mais que de fois, en le donnant à entendre, l'ami ne se fera-t-il pas envoyer sur les roses ! Il a dit quelque chose que l'on ne voulait surtout pas admettre. Il lui faut donc s'attendre à se voir opposer un « non » à ses suggestions, même si, par la suite, les HUIT adoucissent peu à peu leur position et en arrivent à dire « oui ».

Les NEUF sont des non-conformistes. Ils ne sont jamais d'accord avec le monde tel qu'il est, et ils se refusent donc à y intervenir. Quand ils commencent à entrevoir ce qu'ils sont eux-mêmes, en tant que personnes, ils ne l'apprécient généralement pas, et cela les pousse à s'enfermer dans leur inactivité. Un ami les aidera à prendre position et à différencier les choses. Ce peut être déroutant de savoir comment faire appel à eux : ils semblent tant manquer d'énergie et d'enthousiasme. On commencera par les accepter tels qu'ils sont. En leur témoignant de la confiance, on les invitera à se joindre à des activités, en montrant bien qu'on les tient pour responsables de la part qu'ils auront à y assumer.

Les NEUF sont comme des pompes à amorcer. Ils ont besoin de l'intervention de quelqu'un d'extérieur qui vienne les pousser à se joindre à lui et les faire ainsi démarrer. Il leur faut une stimulation venant des autres. Ce n'est qu'à leur initiative qu'ils pourront se mettre en route.

6
Conversion

Il est bon de chercher à se libérer soi-même de sa compulsion en faisant appel à ses propres ressources, donc en suivant le sens inverse de sa flèche, ou en recourant à l'aide d'un ami capable de vous comprendre. Mais ce qui est crucial pour se guérir en profondeur, c'est *la relation personnelle directe* que l'on a à Dieu. Pour la décrire, nous parlerons d'*abandon spirituel*, car c'est la seule façon de s'unir à lui et de lui reconnaître la place qui lui revient, à lui, la SOURCE CRÉATRICE de toutes choses et le SAUVEUR venu restaurer notre monde. Ce n'est qu'en se remettant totalement à lui qu'on peut réactiver les énergies profondes de notre être, à commencer par celles émanant de la tête. Notre salut prend donc d'abord la forme d'une *conversion intellectuelle*, en ce sens qu'il implique une modification de notre vision des choses en nous rendant capables de les voir dans la perspective du dessein divin. Mais cette première forme de conversion en entraîne une seconde, *affective*, qui touche notre *cœur*. Alors devient possible celle des énergies *instinctives* de la nature humaine.

La conversion survient donc quand, par la foi, quelqu'un se réenracine en Dieu, acceptant celui-ci pour ce qu'il est et retrouvant ainsi confiance en sa force et en son amour.

Cette confiance en lui est ce qui lui permet en retour de faire confiance à ses forces profondes les plus inconscientes et de se rebrancher ainsi sur ses propres sources énergétiques sans se sentir menacé d'être débordé ou de succomber à une quelconque catastrophe.

La conversion intellectuelle : les convictions religieuses

Dans l'ennéagramme, la conversion intellectuelle est ce mouvement qui va du *piège à la conviction religieuse*. Un piège consiste à se laisser entraîner dans une forme donnée d'action, du fait de l'ego-conscience, donc à se laisser prendre dans un schéma de comportement compulsif. Il se traduit donc par la destruction de la liberté. Il bloque la croissance personnelle. Celui qui s'accepte tel qu'il est, alors qu'il est en réalité pris au piège de sa compulsion ne fait que *fuir ses responsabilités*. Son refus d'agir revient à choisir ce qui le lie. Il consent à la suggestion de son ego-conscience qui lui fait dire : je n'ai pas besoin du monde pour m'accomplir. Ce n'est rien d'autre qu'une stratégie de cet ego pour se sauver tout seul.

La base de l'abandon à Dieu, c'est l'acceptation d'une conviction religieuse qui vient arracher le soi à sa vision personnelle du salut et le conduire à reconnaître qu'il n'est d'autre réussite possible que celle qui vient de Dieu. Telle est la vérité à laquelle il importe de s'ouvrir, si on souhaite se libérer de la fixation sur soi.

La théorie de l'ennéagramme distingue une conviction religieuse différente pour chaque type de personnalité. Cela revient à admettre que chaque type possède son piège propre, autrement dit sa « fausse conviction ». Pour s'en délivrer, il faut donc commencer par la reconnaître. Il devient alors possible de s'en libérer en faisant confiance à Dieu, au lieu de continuer à se fier à soi. La *figure 15* de l'ennéagramme montre ce que sont ces neuf pièges, et la *figure 16* les convictions religieuses qu'on doit leur substituer.

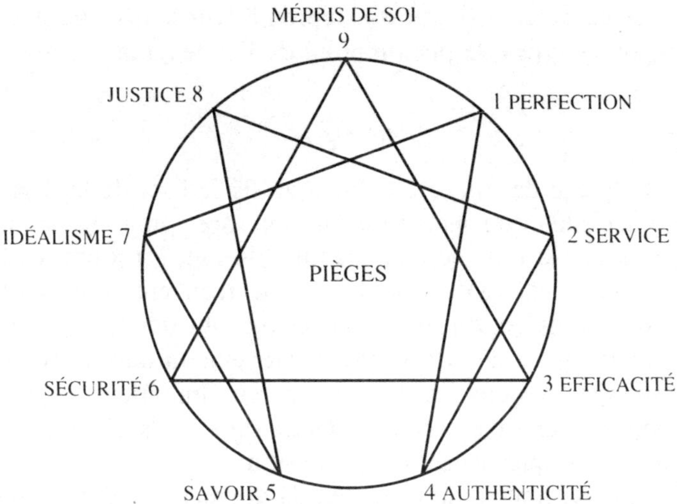

Figure 15

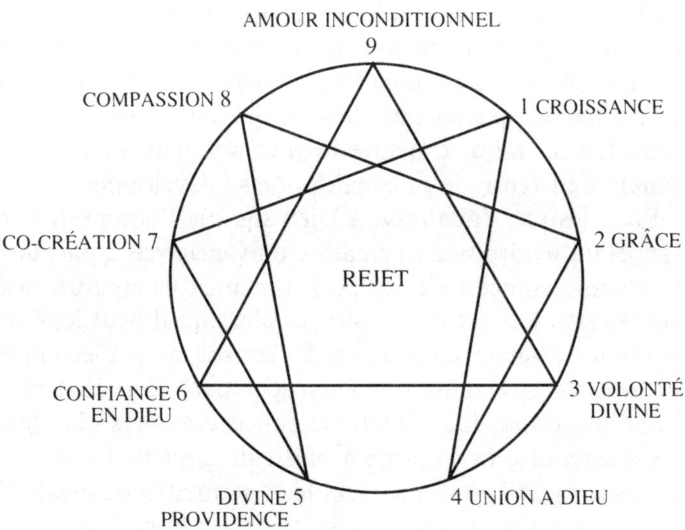

Figure 16

Le commentaire qui suit reprend dans leur ordre numérique les types de personnalité de l'ennéagramme.

1

Le piège des UN, c'est l'idée qu'ils se font de la perfection. Celle-ci devient pour eux une obsession. Se sentant gênés par la plus petite pecadille, ils sont toujours tendus vers un idéal inatteignable. Ils ne trouvent jamais plus grande satisfaction qu'à trouver partout des fautes. Mais la réalité n'est jamais parfaite ! Moyennant quoi ils se durcissent et deviennent de plus en plus impatients. Ce qui compte pour eux, c'est le « tout de suite ». Ils n'ont aucune idée de ce que peut être l'évolution.

Pour se libérer de ce piège, ils doivent accéder à l'idée de la sainteté comme *croissance*. Elle revient à admettre que Dieu gouverne le monde en le conduisant à évoluer. On ne peut comprendre son projet sur la création qu'en termes de devenir. Sa façon d'améliorer les choses, c'est de susciter un *processus*. La véritable perfection de la créature, c'est sa capacité de progresser. Dieu appelle à vivre en grandissant, en mûrissant. Même les fautes peuvent y contribuer : il faut parfois passer par elles. Si quelqu'un ne se trompe jamais, cela montre peut-être tout simplement qu'il n'a jamais rien tenté de nouveau pour se développer.

Pour les UN, l'abandon à Dieu signifie l'acceptation de l'appel qu'il adresse à sa créature d'avancer pas à pas, donc la reconnaissance qu'on n'est soi-même que créature sous son regard. Ces UN reconnaîtront alors qu'il peut leur être très bon de laisser un peu filer les choses, et que les imperfections et les erreurs ont aussi leur part dans le devenir d'une personne. La sainteté ne consistera alors plus pour eux à atteindre une norme à partir de laquelle ils seraient parfaits, mais à grandir. Cela leur permettra de cesser de vouloir imposer aux autres leur idée de la perfection, de vivre plus en paix, dans la confiance que Dieu continue à guider l'univers.

2

Le piège des DEUX, c'est l'idée qu'ils se font du service à rendre : elle leur fait croire qu'ils ont totalement renoncé à eux-mêmes, alors qu'ils restent en réalité dépendants de l'appréciation de ceux à qui ils rendent service, de leur remerciement et de leur affection. Le secours qu'ils apportent reste comme attaché par des ficelles, et ils reprochent aux intéressés de ne pas leur rendre l'amour qu'ils attendent d'eux. Ils exercent un véritable chantage sur leur entourage. Ils répètent en quelque sorte : « Comment pouvez-vous me faire cela après tout ce que j'ai fait pour vous ? » Certes, cette réclamation n'est que rarement explicite, mais ils essaient indirectement de la faire sentir à l'autre. Quand celui-ci résiste à cette manipulation, ils ont l'impression qu'il les a eus. Leur aide est donc plus une façon de satisfaire leur propre besoin que le résultat d'un réel souci de l'autre. Ils se font flatteurs, répondant au moindre désir de celui dont ils attendent tout. Ils multiplient avec effusion les compliments, se précipitent sans nécessité au secours, donnent des conseils qu'on ne leur demande pas, en deviennent onctueux, tant ils ont faim d'approbation. Ils sont jaloux et possessifs. Dès qu'on cesse de les apprécier, ils en éprouvent des colères rentrées.

Seule leur découverte que la sainteté est de l'ordre de la *grâce* pourra les arracher à leur idée fausse. Pour eux, l'abandon à Dieu signifiera avant tout reconnaissance du fait qu'*il n'est pas de moyen de gagner son amour* : celui-ci est toujours un *don libre*. Dieu les a aimés avant qu'ils ne lui rendent aucun service. C'est par pur amour qu'il les a appelés à l'existence et les a sauvés. Son choix est gratuit. on ne saurait donc l'acquérir ou le mériter. C'est cette grâce divine (grâce « prévenante ») qui nous rend dignes d'amour et nous confère signification et valeur. Mais, piégés par leur idée du service, les DEUX tendent à entrer en relation avec Dieu de la même façon qu'avec les autres, c'est-à-dire en *faisant quelque chose* pour plaire. C'est bien pourquoi il leur faut vraiment se convertir (changer d'attitude) pour accepter d'être aimés de Dieu pour ce qu'ils *sont*, et non plus pour ce qu'ils *font*. Cette découverte est la seule qui puisse les libérer en leur donnant le sentiment d'être acceptés sans condition. Ils peuvent alors renoncer à leur tentative désespérée de gagner l'amour des autres pour satisfaire leur besoin de se sentir approuvés.

Une telle conversion intellectuelle sera probablement le fruit d'une prière tranquille. Mais les DEUX trouveront nécessairement celle-ci difficile, puisqu'ils auront alors l'impression de « ne rien faire », alors que leur compulsion les pousse à « faire pour les autres ». Or passer du temps avec Dieu, c'est faire quelque chose pour soi, en s'ouvrant à la grâce dont on a besoin. Dans le refus de rien faire pour soi, ils ne parviendront probablement à prier que s'ils commencent à prendre en compte leurs propres besoins, et s'ils acceptent donc de dépenser du temps et de l'énergie pour leur propre profit.

3

Le piège des TROIS, c'est leur idée de l'*efficacité*, autrement dit la conviction que seule la réussite confère une valeur, que ce soit à soi-même ou aux autres. Pour eux, la vie ne saurait consister qu'à se montrer le meilleur dans la compétition. En conséquence, ils sont toujours à chercher une manière plus rapide et plus profitable de faire les choses, au point de finir par en perdre en fait de l'efficience. Pour eux, la moindre minute compte. Il s'agit de ne pas perdre un instant, de toujours aller de l'avant, de pousser sans cesse plus loin leurs entreprises.

Pour se libérer du piège de leur obsession de l'efficacité, il leur faut entrer dans la vision de la *volonté divine*. Pour eux, la meilleure manière de s'abandonner aux mains de Dieu est d'admettre que leur vie et leur énergie proviennent de lui, qu'il gouverne le monde et qu'il n'existe rien qui ne lui appartienne. Il s'agit donc de l'admettre comme le

« grand administrateur » de l'univers. En s'en remettant ainsi à lui, ils pourront vraiment lui consacrer leur vie en entrant dans ses vues, ses projets, ses plans d'action. Ils découvriront alors comment on peut vivre heureux en n'agissant plus qu'en conformité avec lui, en relativisant donc ses propres plans en fonction du sien, le seul absolu. Mais on ne saurait découvrir ce projet que progressivement. Il faut donc admettre que l'échec personnel n'est pas nécessairement son échec, à lui. Lui peut faire sortir le bien du mal. Telle est sa volonté, celle qui lui fait, non pas vouloir, mais « permettre » nos déceptions.

La confiance en Dieu et en sa volonté sera un antidote à l'esprit de compétition, car elle fait comprendre que la Providence vaut pour tous, personnes ou groupes. Le Royaume de Dieu ne saurait naître que de l'activité commune, chacun ayant à intervenir avec ses talents propres en fonction des possibilités qui lui sont offertes. Quand les TROIS acceptent cette ouverture à la totalité du Royaume, donc l'idée de n'en être plus qu'un bâtisseur parmi beaucoup d'autres, ils deviennent capables de se réjouir aussi du succès des autres, autrement dit de ceux en lesquels ils n'auraient précédemment vu que des rivaux, ou même de véritables obstacles à leur propre succès.

4

Les QUATRE sont piégés par leur idée de *l'authenticité*. Ils pensent ne pouvoir s'épanouir qu'à condition de ne faire qu'un avec ce qui leur arrive, et ils sont donc toujours à chercher comment exprimer au mieux leurs sentiments les plus profonds. En fait, ils ne cessent de ressasser leur passé, ce qui les rend incapables de vivre le présent de façon détendue et satisfaisante. Dans leur souci de dire ce en quoi leur expérience de jadis les rend uniques, ils ont toujours l'impression que personne ne peut comprendre leur cheminement. Cela leur confère une sorte d'irréalité, comme s'ils n'étaient que des aristocrates en exil, se donnant de grands airs. Ils ont l'impression de n'être jamais totalement eux-mêmes, et ils s'imaginent ne pouvoir être authentiques tant qu'ils n'auront pas enfin commencé à vivre « leur vraie vie ».

Pour eux, l'idée qui doit les délivrer de cette obsession sera celle de l'*union à Dieu*. Elle seule permet à quelqu'un de devenir soi-même, de façon unique et frappante. Car Dieu a fait de tout homme une créature unique et irremplaçable[1]. Par sa Providence, il appelle tout le monde à œuvrer en un point donné de l'histoire, avec tout ce que cela comporte de joie et de peine. C'est donc en apprenant à considérer leur vie comme un voyage vers Dieu que les QUATRE s'abandonneront à lui. En mettant au-dessus de tout l'union à lui, ils découvriront comment toutes les expériences de leur vie sont un moyen de grandir et de s'approcher toujours plus de lui. Mais cela appelle à vivre à plein le moment présent, car c'est seulement dans celui-ci qu'on peut le rencontrer réellement. En faisant de leur existence une réponse à l'appel que Dieu leur adresse à chaque instant, ils se débarrasseront de leur tendance à vivre dans le souvenir de leur tragédie passée. L'acceptation de le voir régner sur leur vie est le seul moyen d'atteindre l'originalité qu'il attend d'eux. Ils accepteront alors la vie telle qu'elle est, même si elle semble banale, et ils accéderont alors à une nouvelle forme de créativité et d'expression d'eux-mêmes ; car les dons de Dieu sont tels qu'il ne saurait plus y avoir rien de routinier ou de quelconque dans ce qui nous arrive. La présence de Dieu en chacun de nos instants à pu amener à parler du « sacrement du moment présent[2] ».

1. C'est ce qu'exprime Vatican II, quand il est dit que Dieu, en créant l'homme, en fait une fin en soi. Cf., *Gaudium et Spes*, 24.

2. Cf. J.-P. CAUSSADE, *L'abandon à la providence divine*, Desclée de Brouwer.

5

Les CINQ sont piégés par leur insatiable appétit de *connaissance*. Ils trouvent que la vie est fascinante quand on la regarde de loin, mais trop effrayante pour qu'on s'y engage. Se sentant comme des orphelins abandonnés, ils se mettent à distance des autres et cherchent à se satisfaire de la pensée et de la réflexion. Pour eux, la perception vaut bien l'expérience, l'idée le sentiment ou l'action. Ils remplacent la profondeur du vécu par la quantité d'informations. Demandez-leur ce qu'ils *ressentent*, et ils vous répondront ce qu'ils *pensent*. Ils mettent en compartiment, ne considérant plus leur propre vie que comme une série d'événements bien distincts. Pour eux, l'action la plus difficile, c'est de demander de l'aide, car ils sont poussés à ne la chercher qu'en eux-mêmes. La faiblesse de leur relation aux autres rend très problématique leur engagement et leur fidélité.

Seule l'idée de *providence divine* peut les libérer de leur piège, donc les débarrasser de leur survalorisation de la connaissance, avec le repli sur soi que cela comporte. Croire en cette providence, c'est admettre que Dieu intervient dans nos vies et répond à nos besoins. Certes, parmi ces besoins, il y a celui de connaître, afin de pouvoir bien fonctionner. Mais la certitude que Dieu lui-même nous procurera le savoir à travers ce qui nous arrive aidera les CINQ à se laisser prendre par la vie, au lieu d'être toujours à réfléchir sur elle et à la contempler de loin. En s'engageant dans ce qui se passe, et en se liant aux gens, ils découvriront comment l'événement est un vrai maître leur enseignant la volonté de Dieu sur eux. Ils pourront admettre avec confiance que celui-ci leur donnera en toutes circonstances le savoir leur permettant donnant d'affronter la vie telle qu'elle se présente, qu'il les assistera au mieux dans leurs relations et dans leurs tâches. Tel sera pour eux le saut de la foi.

Ce n'est qu'en s'impliquant socialement qu'ils accéderont vraiment au réel, car c'est la seule façon dont la vie puisse être connue. Elle est un « mystère[3] », et jamais aucune lecture, aucune cogitation sur ce qui se passe, ne saurait jamais révéler le vrai mystère de la vie, le mystère d'« être en communion ». En acceptant de prendre la vie pour maîtresse, les CINQ seront enfin capables d'être en prise sur l'esprit du temps, celui qui vient éveiller chez tous des aspirations similaires, comme pour apprendre à tous la même chose à un moment donné de l'histoire. C'est comme si une même source souterraine venait alimenter au même moment les puits de tous. En s'impliquant, les CINQ acquerront une sagesse dont ils n'auraient jamais pu rêver auparavant. L'Esprit de Dieu viendra demeurer en eux et leur fournira la réponse intérieure adaptée aux circonstances Leur science dépassera celle de tous les livres pour devenir celle que Dieu vient lui-même écrire dans le cœur des humains.

6

Les SIX sont piégés par leur idée d'une *sécurité* fondée sur l'obéissance à l'autorité, que ce soit celles de personnes ou de normes. C'est dans la loyauté envers le chef qu'ils croient trouver la délivrance de leurs doutes intérieurs et de leur indécision. La peur tue leur liberté de se réaliser eux-mêmes. Cela les rend hyperprudents, et les empêche d'agir et de communiquer. Quand il ne leur est plus possible de prétendre encore à ce qu'ils ont espéré, ils se révoltent en projetant leur ressentiment et leurs déviations sur les autres. Ils voient une attaque personnelle dans toute question sur leurs idées ou sur leurs manières de faire, tant ils s'identifient totalement à leurs convictions. Ils ont le sentiment de n'être que la personnalisation des groupes ou des institutions auxquels ils appartiennent. C'est donc un véritable affront que de critiquer les valeurs de leur groupe.

3. Cf. à ce sujet la notion de « mystère » chez Gabriel Marcel. Voir J.-P. BAGOT, *Connaissance et amour: essai sur la philosophie de Gabriel Marcel*, Beauchesne 1958, p. 178 s. (N.d.T.)

Pour sortir du piège de l'idée qu'ils font de la sécurité, il leur faut apprendre la *confiance en Dieu*. C'est par cette confiance qu'ils sont appelés à répondre à l'offre que Dieu leur fait de lui-même en Jésus, et leur foi devient alors le fondement de leur sécurité, le roc sur lequel ils peuvent bâtir leur vie. Cette assurance repose sur l'« alliance » que constitue l'adoption divine. Accéder à cette vision de la sainteté, c'est prendre conscience qu'on vient de Dieu et qu'on retourne à Dieu. L'homme en devient indestructible, car Dieu l'aime comme son enfant. Tel est le message que reprend constamment le Nouveau Testament. C'est en particulier le cas des épîtres de saint Paul, au point qu'elles semblent particulièrement destinées à libérer les SIX de leur compulsion. Celle-ci leur faisait-elle voir dans la religion un ensemble d'observances et de lois extérieures leur garantissant la sécurité ? Ils trouveront désormais leur assurance dans l'adoption divine, donc en une alliance antérieure à toutes les lois, à toutes les observances, à toutes les coutumes.

7

Les SEPT sont pris au piège de l'idée qu'ils se font de ce qui est idéal, ce qui les conduit à fuir tout ce qui est pénible. Ils sont toujours à brasser des idées en essayant de se persuader que tout va bien, ou que tout ira bien, plutôt que d'agir dans le présent, dans le monde réel. Ils sont continuellement à chasser d'un sourire la mauvaise humeur. Pour eux, la joie d'un événement donné est avant tout liée à sa préparation, de telle sorte qu'ils en manquent souvent la réalisation. Ils trouvent tout intéressant, surtout s'ils peuvent en parler.

C'est en découvrant l'idée de *co-création* qu'ils pourront échapper à leur piège. Co-créer, c'est travailler avec Dieu à la manière dont lui-même travaille dans le monde pour en faire surgir le meilleur. C'est cette façon d'intervenir dans le monde présent que vient révéler le mystère pascal du Christ : celui-ci nous montre comment la vie nouvelle peut surgir de la mort à soi-même, et comment la joie suit la souffrance endurée avec patience. Il voyait dans la venue du Royaume de Dieu une véritable naissance, avec toute la douleur que celle-ci comporte (Jn 16, 20-26). En souffrant, l'homme ressemble à une semence qui meurt à elle-même avant d'engendrer toute une moisson de joie (Jn 12, 4). Saint Paul voyait dans les souffrances de l'enfantement auxquelles la création tout entière est soumise un signe de l'approche d'un avenir de gloire (Rm 8, 18-25). Cette idée de co-création à travers le mystère pascal est ce qui permettra aux CINQ de se consacrer aux détails du travail nécessaire pour concrétiser leur rêve d'un monde meilleur. Se laisser entraîner dans le processus créateur, c'est accepter la peine, le travail difficile, les déceptions. Au lieu de tout faire pour échapper à ces aspects négatifs de la vie, comme c'était jusqu'alors le cas, les SEPT accepteront de porter leur croix en y voyant le prix nécessaire du bien à promouvoir. Telle sera leur façon de s'en remettre à Dieu.

8

Les HUIT sont bloqués par leur idée de la *justice*. Ils deviennent hypersensibles dès qu'il s'agit de préserver leurs droits et leur dignité et de se garantir le respect des autres. Ils voient partout l'injustice, et ils tentent sans cesse de redresser le plateau de la balance. Quant à ce qui est juste ou injuste, c'est à *eux* de le déterminer. Sur ce sujet, quand ils se heurtent aux autres, ils refusent d'écouter, et ils ne prêchent que leur propre idée. Ils sont toujours à réformer structures et relations pour atteindre leurs buts, et ils partent du principe que les autres doivent faire la même chose.

Pour se libérer de cette idée-piège, il leur faut découvrir la valeur de la *miséricorde*. Car c'est la miséricorde de Jésus qui nous révèle la justice de Dieu, autrement dit le modèle qui guide son gouvernement du monde. Pour enseigner la compassion à ses disciples, Jésus leur donnait son Père,

« Abba », en exemple : nous avons à agir comme Dieu agit envers ses ennemis comme envers ses amis. Il déclarait : « Dieu fait briller son soleil sur les bons comme sur les méchants, et il fait pleuvoir sur ceux qui font le bien comme sur ceux qui font le mal » (Mt 5, 45). En ce laissant entraîner dans le courant divin de miséricorde, même envers les méchants, les HUIT se libéreront de leur penchant à juger les autres et à s'affirmer comme les seuls à connaître ce qui est vraiment juste. C'est ce à quoi nous invitait Jésus, lorsqu'il disait : « Ne jugez pas, et vous ne serez pas jugés » (Mt 7, 1). Fini, donc, de trancher en imposant aux autres notre idée sur ce qui leur est bon ! L'attitude fondamentale que nous devons prendre, c'est celle d'abandon au Royaume du Dieu qui vient en ce monde, ce qui laisse à celui-ci le soin de diriger et de juger. La révélation de la miséricorde divine nous invite tout particulièrement à manifester pitié, pardon, douceur et tolérance même à nos ennemis.

9

Les NEUF sont piégés par l'idée qu'ils se font de leur abjection. Ils se dévalorisent eux-mêmes en ne se reconnaissant aucune qualité. Ne s'aimant pas, restant inconscients de leur importance personnelle, ils ne peuvent trouver d'énergie qu'en la puisant à une source extérieure. C'est donc en dehors d'eux qu'ils cherchent une stimulation leur permettant de continuer à vivre. Prêtant une égale valeur à tous les aspects du vécu, ils ne savent finalement pas distinguer ce qui est important de ce qui ne l'est pas.

C'est en adhérant à l'idée d'*amour inconditionnel* qu'ils pourront s'arracher à cette vision négative de soi. Ils ont désespérément besoin de percevoir du fond d'eux-mêmes le message évangélique leur affirmant que Dieu les aime inconditionnellement et qu'il leur donne son Esprit. Il faut que cela devienne plus qu'une simple croyance : un véritable principe d'action. Pour que cette idée d'amour inconditionnel parvienne effectivement à les arracher à leur indolence, elle doit les amener à se découvrir comme des êtres susceptibles d'être vraiment aimés pour ce qu'ils sont. Ce n'est qu'alors qu'ils pourront aimer de façon active, en sortant d'eux-mêmes. C'est pour eux qu'est particulièrement valable cette idée suivant laquelle, *à moins de nous savoir aimés, nous ne pouvons aimer*. C'est cette conviction de l'amour inconditionnel de Dieu qui les appelle à admettre qu'on peut les aimer. Ayant ainsi redécouvert la vie au fond d'eux-mêmes, ils aspireront à s'unir aux autres, au lieu de toujours rester en retrait de l'existence et de ses activités. C'est en cela que doit consister leur abandon à Dieu.

La conversion affective: la vertu guérit la passion

La conséquence de la conversion intellectuelle, qui s'exprime dans l'abandon à Dieu par l'intermédiaire d'une idée salvatrice propre à chaque type de personnalité, c'est ce qu'on appelle la *conversion affective*, celle grâce à laquelle la vertu vient guérir et redresser cette déformation qu'est la passion. La *figure 17* illustre l'ennéagramme des passions, telles que nous les avons expliquées tout au long du chapitre 4, en y faisant voir les différents aspects du « moi déséquilibré ». La *figure 18* présente l'ennéagramme des vertus qui résultent de la conversion.

La conversion affective suit la conversion intellectuelle, car le cœur vient répondre d'un amour passionné à la nouvelle vision de l'épanouissement que lui fait percevoir la tête. En situant la pleine réussite dans la perspective de Dieu, en la remettant entre les mains de celui-ci, en s'abandonnant à lui, la personne se libère de cette déformation qu'était l'amour-passion lié à l'idée de salut par soi-même. Elle perçoit désormais le plein accomplissement de soi comme l'effet du salut divin et de la participation au Royaume de Dieu. Nous avons vu que la passion n'était

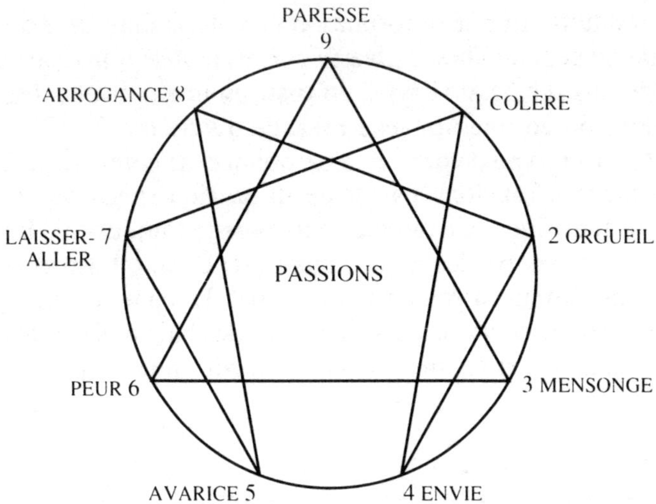

Figure 17

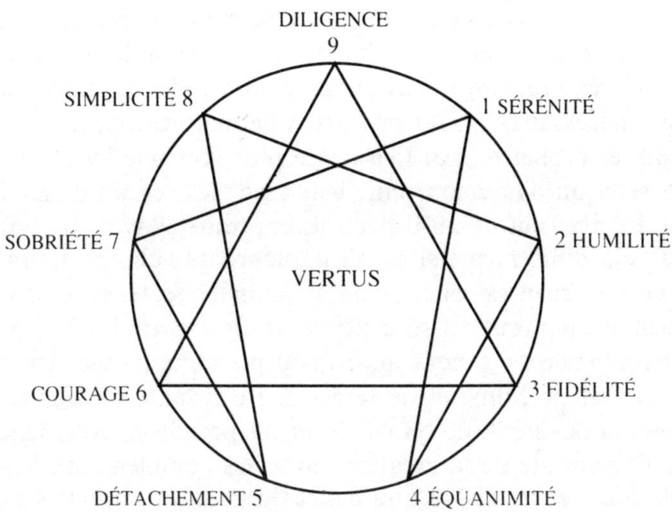

Figure 18

rien d'autre que la déformation caractéristique de chaque type de personnalité. La vertu curative, celle qui vient rectifier chaque passion type, consiste en une nouvelle disposition, ou en une nouvelle attitude du cœur.

Pour un type de personnalité donnée, se convertir affectivement, c'est donc passer de sa passion spécifique à sa vertu spécifique. Ce mouvement consiste toujours à découvrir un aspect particulier de l'amour de Dieu, cet aspect renvoyant toujours à son amour essentiel. Le commentaire qui suit présente ce qui se passe à propos de chaque personnalité particulière, en les prenant dans l'ordre numérique.

1

En s'abandonnant à Dieu, les UN pourront enfin se défaire de leur passion, la colère, et accéder à cette vertu qu'est la *sérénité*. Leur amour passionnel se centrait sur la perfection, ce qui ne cessait de susciter en eux le ressentiment contre tout ce qui n'était pas parfait. En s'en remettant à Dieu, ils accepteront l'idée de progression, celle qui constitue le véritable dessein de Dieu touchant la perfection de sa créature. Ainsi, découvrant comment les imperfections sont nécessaires à tout processus de maturation, ils pourront les admettre. Au lieu de ne plus voir que les défauts de ceux qu'ils rencontrent, leur cœur les rendra capables de déceler tout ce qu'il peut au contraire y avoir de bon, de déjà mûr, même si ce n'est encore que chose minime, même si ce n'est encore qu'à l'état de semence cachée. Sachant que tout est susceptible de croître, qu'il n'y a pas de conversion du cœur qui ne soit possible, ils accéderont à un état de calme et de sérénité. Percevant par leur tête toute la beauté de ce qu'ils vivent, ils prendront conscience de l'harmonie de la création, avec ses complémentarités : elle n'est autre chose que ballet de qualités opposées qui s'attirent les unes les autres et qui sont toutes expressions d'un même tout, saisies par le même magnétisme d'un amour qui pénètre toutes choses.

2

La conversion affective des DEUX les conduira de cette passion qu'est l'orgueil à la vertu de l'*humilité*. Ils étaient si fiers d'eux, si supérieurs, dans leur façon de rendre service ! Ils en avaient développé un véritable complexe messianique : ils se sentaient capables de sauver tout le monde. En réalisant qu'ils ne sauraient mériter l'amour prévenant de Dieu, ils commenceront à s'accepter eux-mêmes comme valables, indépendamment de l'aide qu'ils apportent aux autres. C'est par l'humilité qu'ils réussiront à s'épanouir. Admettant leurs limites et leurs besoins, ils deviennent capables d'accepter qu'on les aide. Ils comprendront alors ce que peut être la réussite : elle consiste à s'ouvrir à un amour qu'on ne saurait ni mériter ni contrôler. Il n'est pas d'autre amour qui puisse combler leur cœur. Celui de Dieu est inconditionnel, comme l'est tout amour vrai.

3

La conversion affective des TROIS suppose le passage de cette passion qu'est le mensonge à la vertu de *loyauté*. Tant qu'ils cherchaient leur épanouissement dans leurs exploits, dans la compétition avec les autres, leur amour passionnel les conduisait à admettre même les moyens déloyaux, du moment qu'ils leur paraissaient nécessaires pour réussir. Pour eux, l'abandon à Dieu signifiera donc consentement à sa façon de conduire le monde. Ils en arriveront alors à aimer la franchise et la netteté, reconnaissant que celui qui « joue cartes sur table » favorise beaucoup plus le bien de la société à laquelle ils se vouent que le malin, toujours en train de manœuvrer pour s'assurer l'avantage sur l'autre. Seule la loyauté permet aux individus et aux groupes de se faire mutuellement confiance, donc de vivre dans l'esprit d'interdépendance et d'entraide qui permet de mener à bien le projet commun.

4

Pour les QUATRE, l'abandon à Dieu leur permettra de passer de la passion d'envie à la vertu d'*égalité d'âme*. Au lieu de toujours chercher à attirer l'attention sur eux et sur le caractère si particulier de leur raffinement, et de ressentir de l'envie chaque fois que quelqu'un porte plus attention aux autres qu'à eux, ils seront capables d'être en paix même dans des situations tendues. Cette équanimité sera liée à la bonne volonté avec laquelle ils chercheront à reconnaître la présence de Dieu dans le moindre événement de leur vie et à laisser celui-ci susciter en eux la réponse appropriée au don qu'il fait de lui-même à chaque instant présent. Ils verront que leur réussite consiste, non plus à attendre des autres qu'ils viennent s'apitoyer sur la vie tragique qui aurait été la leur, mais à se laisser entraîner dans un mystère de vie où ce Dieu se rend présent.

5

La conversion à Dieu conduit les CINQ à se défaire de leur avarice pour s'ouvrir à la vertu de *détachement*. Ils étaient toujours à s'enfermer dans la solitude en y cherchant le moyen de penser, de réfléchir, ce qui constituait à leurs yeux le seul moyen d'acquérir le savoir et de s'assurer qu'ils n'étaient ni des ignorants ni des idiots. En acceptant de prendre la vie pour maîtresse et de s'engager dans ce qui arrive, ils parviendront à se détacher de leur passion pour leur vie privée. Ayant appris à apprécier ce que l'existence peut leur procurer chaque jour, ils éprouveront moins le besoin d'accumuler toujours plus sous prétexte de s'assurer de l'avenir. Ils seront aussi plus capables de faire part de leur monde intérieur, en reconnaissant que c'est là la seule façon de vivre le mystère de la communion aux autres, de connaître enfin la réalité en y participant.

6

En s'abandonnant à Dieu, les SIX se déferont de cette passion qu'est la peur et découvriront la vertu de *courage*. Réalisant que leur sécurité vient de l'adoption divine, ils verront s'évanouir leurs craintes antérieures. Du simple fait qu'ils auront perçu l'appel de Dieu à ne jamais se laisser totalement noyer dans des institutions et des préceptes d'homme, ils ressentiront infiniment moins la menace que paraissaient à leurs yeux les changements de structures, les imprécisions des réglements, les activités hors-normes. Ils reconnaîtront que Dieu attend d'eux la promotion des valeurs, plutôt que la simple conformité aux règles établies.

Sachant que rien ne pourra jamais les séparer de l'amour de Dieu (Rm 8, 35-39), ils trouveront le courage d'entreprendre d'eux-mêmes du neuf et de prendre des décisions, même lorsque cela comporte tâtonnements et risques.

7

En s'abandonnant à Dieu, les SEPT passeront de cette passion qu'est le laisser-aller à la vertu de *sobriété*. Ils avaient divinisé tout ce qui était source de plaisir et éliminé de leur vie toutes les réalités négatives, tentant ainsi de s'enfermer dans un monde de rêve. En renonçant à eux-mêmes pour participer au dur travail de la co-création, ils deviendront capables de se satisfaire de peu, et ils accepteront de mener une vie d'effort répondant à l'appel de Jésus à prendre sa croix chaque jour. Ils découvriront alors combien il est important de faire preuve de plus de sérieux et d'entrer dans la souffrance qui seule permettra à leurs rêves et à leurs idéaux de devenir réels. Au lieu d'être toujours à fuir la peine et à s'enfermer dans le plaisir de l'instant, ils seront enfin capables d'agir, dussent-ils pour cela souffrir et se priver. Ils pourront aussi accepter la sobriété des autres, de ceux qui sont engagés dans une existence similaire d'effort et de travail.

8

Pour les HUIT, s'abandonner à Dieu, c'est passer de la passion qu'est l'arrogance à la vertu de *simplicité*. Une fois qu'ils auront accepté de remettre leur jugement entre les mains de Dieu et d'imiter l'attitude de Jésus face à l'injustice, ils deviendront capables de prendre les choses à leur vraie valeur sans être toujours à examiner et à soupeser les gens. Ils seront plus sensibles aux besoins des autres et plus prêts à admettre que chacun peut avoir sa valeur, ses dons particuliers. Dans la mesure même où ils auront accepté de laisser l'« enfant naturel » prendre le devant en eux, la parole de Jésus concernant la nécessité de devenir comme des petits enfants pour entrer dans le Royaume de Dieu (Mt 18, 3) résonnera plus vraie à leurs oreilles. Du simple fait qu'ils identifieront la justice avec la non-violence divine, telle que l'a manifestée Jésus, ils n'en auront que plus d'efficacité en la matière. Ils reconnaîtront la vraie sagesse et la puissance que peut leur conférer une résistance passive pour affronter et démasquer l'oppression.

9

En se convertissant à la véritable vision de l'amour, les NEUF se débarrasseront de leur passion, la paresse, pour s'ouvrir à la vertu de *zèle*. La découverte de l'amour que Dieu leur porte, et donc la reconnaissance de leur valeur en tant que personnes et de leur aspiration profonde à la croissance, fera sourdre en eux de nouvelles sources d'énergies. Jusque-là, ils étaient souvent tentés de ne rien faire, pensant que quoi qu'ils fassent, cela ne servirait finalement pas à grand-chose. Une fois convaincus de leur valeur unique, ils feront les démarches nécessaires pour acquérir savoir-faire et compétences, en sachant bien que cela suppose un travail méthodique, jour après jour. Dans leur reconnaissance pour l'amour de Dieu, ils chercheront à contribuer au progrès du monde, puisque c'est en rendant service qu'on répond vraiment à l'amour. Il est étonnant de voir combien ces NEUF, jusque-là spectateurs indolents du monde, peuvent se transformer en travailleurs patients et méthodiques. C'est qu'ils sont désormais poussés par l'amour même de Dieu.

La conversion de l'instinct : le discernement spirituel

Quand une personne réagit aux autres et aux situations, ses comportements sont l'expression de défenses profondes qui prennent racine dans ce que l'ennéagramme a présenté comme des compulsions. Quand une personne est capable de *répondre* aux autres et aux situations, son comportement exprime qu'une conversion de l'instinct s'est produite au niveau du centre *viscéral*. Il y a eu éveil à ce que saint Paul appelle « les fruits de l'Esprit », à savoir : « charité, joie, paix, longanimité, serviabilité, confiance dans les autres, douceur, maîtrise de soi » (Ga 5, 22). Mouvements de consolation, ces fruits de l'Esprit rendent aussi le soi plus conscient de ces élans contraires qu'on qualifie de désolation. Ce désir nouveau de noter et de discerner ces élans provient de la conversion intellectuelle et affective, car vivre entre les mains de Dieu signifie se mouvoir selon les instincts suscités par l'habitation du Saint-Esprit. Le discernement spirituel consiste en une capacité de les déceler, et donc de savoir choisir entre ceux auxquels il importe de se laisser aller, et ceux auxquels il faut savoir résister. Cette possibilité de vivre à ce niveau instinctif selon l'orientation donnée par l'Esprit permet à la personne de reconnaître la volonté de Dieu sur elle ; mais elle lui procurera aussi un extraordinaire sentiment de bien-être et de joie intérieure.

Ces mouvements de consolation et de désolation se caractérisent avant tout par la spontanéité avec laquelle ils surgissent de l'intérieur. Ils surviennent à partir d'un sentiment inné de ce qui convient ou de ce qui ne convient pas. L'union à Dieu qui résulte de l'abandon à lui conduit la personne à s'orienter fondamentalement vers lui, en tant que source de tout épanouissement, et vient guérir les déformations de l'amour passion. Elle a donc un effet profond sur la totalité de l'instinctivité de l'être. L'inhabitation de l'Esprit saint suscite une *connaturalité* avec tout ce qui est bien, juste, épanouissant. Dans ses *Exercices spirituels*, Ignace de Loyola exprime cette connaturalité de la façon suivante : « Le propre du bon esprit est de donner courage et forces, consolations, larmes, inspirations et quiétude, en rendant les choses faciles et en écartant tous les obstacles, pour qu'on aille plus avant dans la pratique du bien[4]. »

Ce que dit finalement saint Ignace, c'est qu'on se sent bien d'être bon ! Au contraire, on se sent mal à l'aise d'agir à l'encontre du service de Dieu : c'est une expérience de désolation. Lui-même exprime celle-ci en termes de tentation : « Le propre du mauvais esprit est de mordre, d'attrister et de mettre des obstacles, en inquiétant par de fausses raisons ceux qui se purifient intensément de leurs péchés et qui, dans le service de Dieu notre Seigneur, s'élèvent du bien vers le mieux, afin qu'ils n'aillent pas plus loin[5]. »

Selon le discernement ignatien des esprits, il y a trois expériences distinctes de consolation[6] :

1) Il y a d'abord celle d'*être en feu*. On voit tout dans la perspective divine. Rien ni personne ne vient plus faire obstacle au don total de soi à Dieu dans l'amour. On aime simplement les autres en Dieu, autrement dit on aime Dieu en les aimant. C'est une forme de consolation dévorante. Il n'y a plus moyen de se tromper à son sujet, tant elle est claire et totale. C'est une expérience consumante. C'est sans doute d'elle qu'on trouve l'écho dans la conversion soudaine, absolument bouleversante, de saint Paul (Ac 9, 3-6).

2) Autre expérience de consolation : celle de se trouver

4. Ignace de Loyola, *Exercices spirituels*, [315], Desclée de Brouwer, 1985.
5. *Ibid.*
6. *Id.*, [316].

saisi par un *élan de reconnaissance*. Elle tire son origine de la perception de ce que l'on est par rapport à Dieu : on en est séparé, mais infiniment aimé. On peut se découvrir soudain effroyablement pécheur devant lui, mais aimé encore. Cette consolation s'accompagne souvent de pleurs, tant on souffre d'être aussi infidèle envers celui qui est si bon.

3) Une troisième expérience est celle de la *paix* et de la *force*. On se sent tout d'un coup fortifié dans la foi, l'espérance et l'amour. Servir Dieu, se retrouver simplement dans la maison du Père, est une joie. On *sait* que ce que l'on fait présentement est bien, que c'est exactement ce qu'il convient de faire.

Correspondant à ces trois expériences de consolation, il existe trois formes possibles de désolation[7] :

1) Il y a celle qui consiste à se sentir happé dans le *trouble* d'esprit, de se sentir submergé sous le poids de la ténèbre. C'est une expérience violente, car ce trouble consiste en un tourbillon dans lequel on se trouve entraîné et roulé sans merci.

3) Il y a celle qui consiste à ne plus éprouver que *fatigue* et *dégoût*. On est incapable de rester tranquillement assis, on n'éprouve que dégoût pour la prière ou toute autre activité spirituelle et on a l'impression d'être dépourvu de foi, d'espérance et d'amour.

3) Une troisième forme de désolation consiste à *se rebeller* à *désespérer*, à *ne plus penser qu'à soi*. On se trouve soudainement comme enfermé en soi. On ne se soucie plus de répondre à Dieu et on se refuse à le faire.

On voit que ces trois types de consolation et de désolation correspondent aux trois centres énergétiques de l'ennéagramme :

1) L'expérience de feu ou de tourment de ne plus savoir où aller est typiquement du centre viscéral.

2) Celle de l'élan de reconnaissance ou celle, inverse, de dégoût et d'agitation est typique du mouvement de va et vient de l'expérience émotionnelle liée au *cœur* ;

7. *Id.*, [317].

3) Celle de *paix* est typiquement liée au centre de la pensée : alors même que rien ne semble plus tourner rond, on sent profondément que tout va bien ; de même celle de désespoir et de fermeture sur soi est-elle aussi liée à la *tête*. On peut sentir l'amour de l'autre mais la tête continue à penser : « je m'en fiche ». Il n'est non plus d'esprit de rébellion qui ne suppose la pensée.

La *figure 19* représente ces trois expériences distinctes de consolation superposées aux trois centres de fonctionnement, et la *figure 20* représente les trois formes de désolation.

On pourrait croire que la consolation et la désolation propres à chaque type de personnalité correspond au centre énergétique que chacun d'eux préfère. Ce n'est cependant pas le cas, car la conversion découle de discernement, et elle ne permet donc à personne de rester simplement en l'état où il était auparavant. Elle suppose un retour de la personne à l'équilibre, par un mouvement d'*opposition* à la flèche de sa compulsion. C'est cette marche à contre-courant de la flèche qui provoque le sentiment d'adaptation en lequel consiste la consolation. Autrement dit celle-ci émane de l'expérience qu'on fait du centre opposé à l'orientation de la flèche. Au contraire la désolation provient du fait qu'on suit le sens de la flèche en accentuant sa compulsion, en allant donc dans le sens de son propre centre. C'est ce que font voir les *figures 19* et *20* et les commentaires sur les consolations ou les désolations propres à chaque type de personnalité.

1

La consolation des UN consiste en une expérience de *paix* caractéristique du fonctionnement de la *tête*, car, s'orientant à *contre-courant* de la flèche, ils se tournent vers les SEPT, donc vers leur *centre intellectuel*. C'est ainsi qu'ils continuent à travailler durement, mais avec souplesse. Ils s'efforcent toujours de mieux faire aller les choses, mais ils

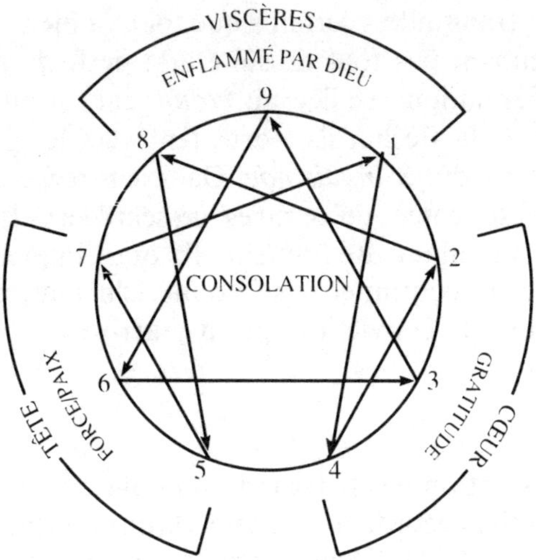

Figure 19

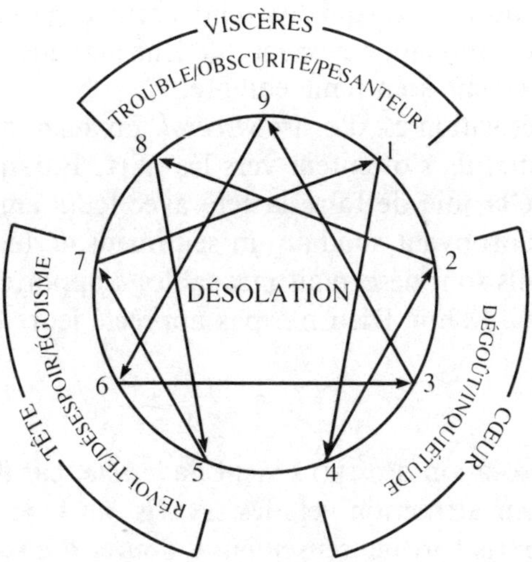

Figure 20

se sentent tranquilles, certains que tout va bien, même s'ils ne parviennent pas tout de suite à la perfection.

Leur désolation est liée au *cœur*, car, se mouvant en direction de la flèche, ils s'orientent vers les QUATRE. Ils éprouvent *dégoût* et *inquiétude*. Dans leur recherche de perfection, ils se sentent découragés, cessent leurs efforts, sombrent dans la mauvaise humeur. Ils ont l'impression qu'il est inutile de continuer à se donner du mal, de vouloir repartir avec la conviction qu'on y arrivera.

2

La consolation des DEUX tient à la place de plus en plus grande qu'ils accordent au *cœur* ce qui revient à aller en sens inverse de la flèche orientée vers les QUATRE. Elle consiste à se trouver portés par un élan de *reconnaissance*. Ces DEUX ont découvert qu'*ils n'avaient plus besoin de faire leurs preuves*, même vis-à-vis de Dieu : celui-ci vient lui-même répondre aux besoins dont ils se refusaient à faire part aux autres ; ce qui les rend enfin capables de s'en préoccuper. Prenant conscience de leur manque, ils se décident sainement à en tenir compte.

Leur désolation est d'ordre *viscéral*. En allant dans le sens de la flèche, ils s'orientent vers les HUIT. Eux qui avaient découvert la joie de faire la fête avec leurs amis et leurs ennemis éprouvent soudain un sentiment de ténèbre profonde, et ils sont désormais incapables d'apporter de l'aide aux autres. Même Dieu n'a pas apprécié leurs efforts.

3

La consolation des TROIS vient de la *tête*, car ils se dégagent de leur attraction vers les SIX. Ils ont trouvé la *paix*. Ils ont appris fort heureusement à douter d'eux-mêmes et sont capables de penser qu'ils n'ont rien à faire, qu'il n'y a rien à faire.

Leur désolation est *viscérale*, car ils sont désormais portés vers les NEUF. Ils se sentent alors aspirés dans le tourbillon. Ils voudraient bien continuer à avancer, mais ils ne vont plus nulle part. Ils tournent en rond, sont en roue libre, sans plus rien faire d'essentiel.

4

La consolation des QUATRE est d'ordre *viscéral*, car ils sont à contre-courant de la flèche orientée vers les UN. Elle consiste à se sentir spontanément enflammés. Ils ont perdu leur mauvaise humeur, et ils sont prêts à s'occuper des choses en prenant des activités. Une *conviction* unique les pousse désormais à agir de façon significative.

Leur désolation vient du *cœur*, car la flèche les porte vers les DEUX. Ils sont naturellement contemplatifs, mais voilà qu'ils éprouvent un *dégoût* profond de la prière. Leur indépendance habituelle cède le pas à un apitoiement nauséabond sur soi-même.

5

La consolation des CINQ est de nature viscérale, car, allant *contre* la flèche, ils s'orientent vers les HUIT. Affrontant désormais la réalité et s'engageant dans l'action, ils se sentent poussés en avant, audacieux, pleins de feu.

Leur désolation vient de la *tête*, car, négativement, ils *suivent le sens* de la flèche qui les porte vers les SEPT. Ils font une expérience de fermeture sur soi. Ils fuient la réalité et se retirent dans leurs pensées. Ils décident de ne tenir compte que d'eux et d'en rester à leurs idées.

6

La consolation des SIX vient de la tête, car ils progressent désormais en allant en sens *inverse* de la flèche allant vers les NEUF. Elle consiste à voir désormais toutes choses dans la *perspective de Dieu* qui les aime comme il aime tout. Ils sont *pleins de feu*, assurés d'eux-mêmes, plus spontanés, plus zélés.

Leur désolation vient du *cœur*, parce qu'ils vont *dans le sens* de la flèche orientée vers les TROIS. Ils ont l'expérience d'une *insatisfaction continuelle* qui se traduit par une activité frénétique. Ils craquent même devant une tâche bien définie. C'est ainsi que leur prière peut tout d'un coup consister à zapper frénétiquement la Bible.

7

La consolation des SEPT vient de la *tête*, car, allant en sens inverse de la flèche, ils se portent vers les CINQ. Elle consiste à se sentir *plus forts*. Leur théologie, jusque-là inconsistante, devient tout d'un coup solide. Leur relation à Dieu cesse de n'être qu'imaginaire pour devenir bien affirmée.

Leur désolation est d'ordre *viscéral*, car ils vont désormais *dans le sens* de la flèche les portant vers les UN. Ils se sentent dans les *ténèbres*. Ils voudraient retrouver la consolation, mais ne le peuvent plus, et ils tentent alors de la recréer imaginativement. Ils sont capables se donner une impression de sentiments, mais ils ne font ainsi que se tromper eux-mêmes, tout comme ils trompent leur directeur spirituel en lui décrivant leur expérience de prière. Ils peuvent faire bonne impression et créer l'illusion de s'en tirer. Quand ils doivent finalement faire face à leur désolation intérieure, ils ne sont plus que comme un cerf-volant qui retombe par terre et se brise. Cette désolation suinte à la conscience sous forme de ressentiment envers les plus proches.

8

La consolation des HUIT est liée au *cœur* car ils vont à l'encontre de la flèche en se dirigeant vers les DEUX. Elle consiste essentiellement dans un élan de reconnaissance. Ils n'aiment pas à regarder en face le fait que, en dépit de leur comportement extérieur fort, ils ne sont intérieurement que de la guimauve. Un Dieu tenace ne cesse de leur prodiguer d'indéniables chuchotements d'affection. Ainsi fortifiés par l'amour gratuit de Dieu, ils persévèrent dans leur vocation prophétique, malgré son caractère impopulaire *reconnaissants* d'avoir été choisis.

Leur désolation vient de la *tête*, car ils vont dans le sens de la flèche orientée vers les CINQ. Ils font une expérience d'égoïsme. Ils renoncent à être forts, s'effondrent en tas, s'en vont bouder.

9

La consolation des NEUF est liée au *cœur*, car leur croissance positive les oriente vers les TROIS. Elle consiste elle aussi en un *élan de reconnaissance*. Les NEUF se découvrent aimés de Dieu tels qu'ils sont, même s'ils ne sont pas des réalisateurs. Leur réponse à cet amour inconditionnel est faite de gratitude cordiale. Ils s'acceptent comme dignes d'amour et capables d'aimer.

Leur désolation est liée à la *tête*, car ils suivent la flèche conduisant aux SIX. Ils font une expérience de *désespoir*. Ce doute les concernant eux-mêmes étouffe l'idée qu'ils sont dignes d'amour.

Les totems et les couleurs symboliques des types rachetés

La *figure 21* présente l'ennéagramme de l'homme racheté sous forme de totems, et la *figure 22* sous forme de couleurs. Il pourra paraître amusant de conclure ainsi tout ce que nous avons dit sur les différentes conversions, mais cela aidera aussi à percevoir de façon plus précise la force et la beauté de chacun des types désormais renouvelés.

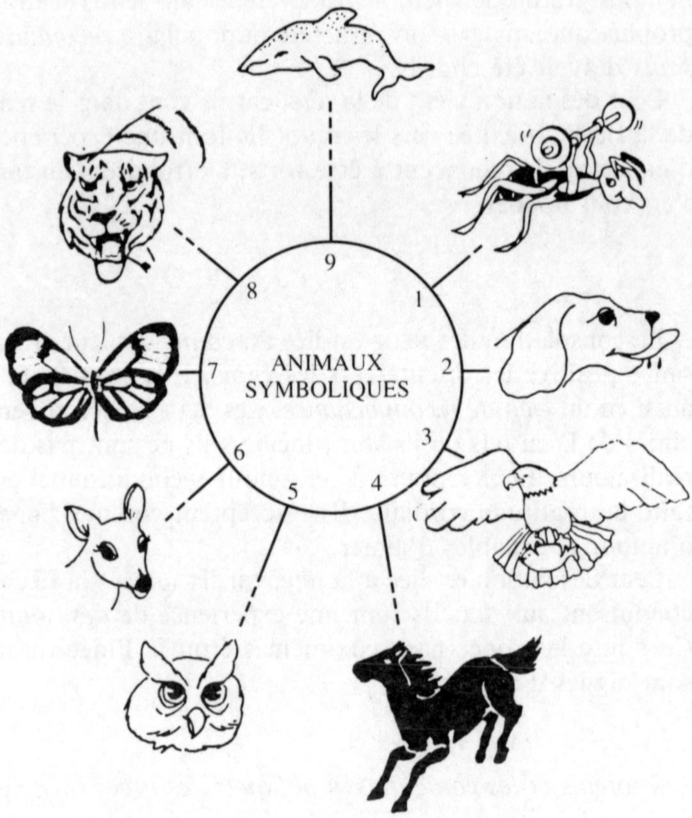

Figure 21

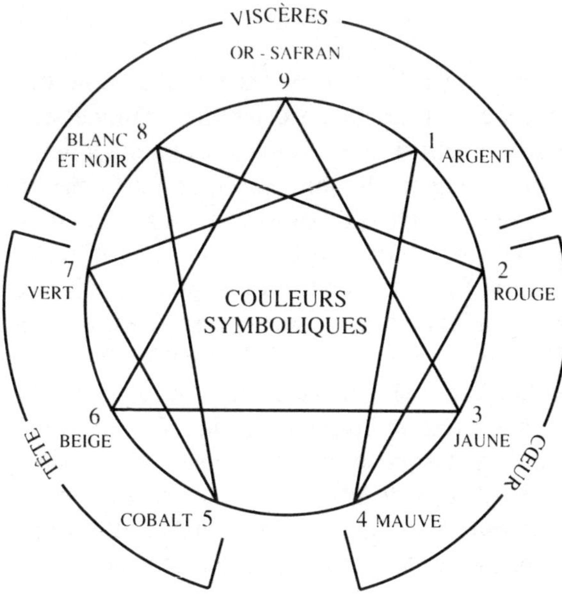

Figure 22

1

Rachetés, on peut figurer les UN comme des *fourmis*. Celles-ci sont extrêmement industrieuses et parfaitement organisées en vue d'un projet. Chacune d'elles a son travail spécifique. Elles sont capables de porter des charges plusieurs fois plus lourdes qu'elles. De même les UN, une fois rachetés, sont-ils bien organisés. Ils savent ce qu'il faut faire et sont prêts à collaborer les uns avec les autres pour en venir à bout. Ils communiquent leur idéal aux autres plus en les invitant à y participer qu'en les y poussant ou en faisant pression sur eux.

Leur couleur symbolique est l'*argent*. Ce sont des personnalités brillantes, qui réfléchissent la lumière. Leur présence a un caractère alerte, net.

2

Rachetés, on peut figurer les DEUX comme des *setters irlandais*. Ce sont des chiens de couleur chaude, au poil lustré. Ils rayonnent d'affection et n'oublient jamais les personnes qu'ils aiment. Ils sont extrêmement fidèles et ne font que rarement preuve d'animosité. Ils manifestent vivement leurs émotions, sautent de joie en retrouvant quelqu'un, le lèchent sans fin. Ils sont toujours prêts à suivre un ami.

La couleur des DEUX, c'est le *rouge*. C'est celle du cœur, de la chaleur, du sentiment, de l'intensité. Mais, dans certains endroits, on ne la perçoit plus : l'obscurité la fait apparaître bleue, presque invisible. De la même façon, les DEUX sont capables d'apposer une limite à leur intensité. Du fait de leur guérison et de leur conversion, ils peuvent aimer les gens sans plus chercher à se les attacher. Ils sont devenus respectueux de la liberté des autres. Ils se montrent disponibles aux cadeaux que peuvent leur faire ceux qui les aiment, et ils y répondent avec reconnaissance.

3

Rachetés, on peut figurer les « trois » comme des *aigles*. Ces oiseaux ont une très grande envergure, près de deux mètres. Ils ont une apparence magnifique. Même si leur plumage n'a rien de frappant, la variété de ses bruns est très belle. La blancheur de leur tête et de leurs rectrices fait qu'on ne peut se méprendre. Ils ne bougent qu'avec mesure, en ne battant que rarement des ailes. Ils s'apparient pour la vie, reconstruisant toujours leur nid à la même place. En dépit de leur allure d'oiseaux de proie, ils ne se nourrissent en fait souvent que de poissons morts. Comme eux, les TROIS, une fois sauvés, se sentent très bien dans leur peau. Ils sont cessé de manipuler les autres, et aiment s'entretenir de la conduite divine du monde. Ils font preuve d'une grande fidélité envers leurs amis.

Leur couleur symbolique est le *jaune clair*. On ne peut

pas ne pas la voir, même dans des conditions difficiles, dans le brouillard ou dans l'obscurité. Elle n'est peut-être pas belle, mais elle est en tout cas très fonctionnelle. Ainsi, une fois débarrassés de leur compulsion, les TROIS ont-ils des personnalités brillantes.

4

Rachetés, on peut figurer les QUATRE par des *étalons noirs*. Ce sont des chevaux élancés, sombres, à la démarche ample. Comme des esprits libres, ils secouent leur crinière dans le vent. Ils peuvent soudain partir au galop. Ils folâtrent, démarrent, stoppent. Ils ont une grande variété d'allures, dont chacune a son nom particulier. Ils fixent les gens, puis viennent à leur rencontre de façon ouverte et détendue. Ils avalent le sucre, mais préfèrent les pommes, avec leur saveur sucrée particulière. Ainsi les QUATRE gardent-ils toujours leur grâce retenue.

Ils savent qu'ils restent uniques pour le Dieu qui les aime et les a créés. Ils ont réussi à comprendre que la meilleure façon de s'adapter à la situation, c'est de la prendre comme elle est, et ils trouvent qu'il en est bien ainsi.

Leur couleur symbolique est le *mauve*. Elle se situe dans la gamme des pourpres, mais sans qu'on puisse exactement la définir. Sa subtilité et sa discrétion conviennent bien à ce qu'ils ont de si particulier. Ainsi s'habillent-ils avec simplicité, mais avec un bon goût extrême, souvent en noir profond.

5

Rachetés, on peut figurer les CINQ comme des *hiboux*. Ces noctures ont deux positions : ils peuvent rester en alerte, leurs grands yeux ouverts fixement ; ils peuvent glisser silencieusement et tomber sur leur proie. Ils ne bougent pas tant qu'ils n'ont pas aperçu celle-ci, puis foncent tout d'un coup. Ils ont des yeux et des oreilles en attente de capter les informations, même pendant leur vol. Tout leur corps, y compris leurs plumes, est fait pour se mouvoir en silence. Ils ont une extraordinaire capacité à s'attaquer à des grands animaux. Ils ne mangent que ce dont ils ont besoin pour se nourrir, et régurgitent les parties inutilisables. Ainsi, une fois guéris, les CINQ cessent-ils de renifler partout comme des renards qui essayent de comprendre ce qui leur arrive. Ils sont maintenant capables de rester calmes tout en demeurant en alerte, comme les hiboux. Ils sont conscients que, en s'abandonnant à Dieu, ils n'ont plus besoin de tout comprendre et que la providence divine les appelle à s'engager.

Leur couleur symbolique est le *cobalt*, qui est un bleu profond, intense. On qualifie parfois le cobalt de « démon des mines » ; car les mineurs le trouvaient tout au fond et, ignorant sa valeur, ils le trouvaient gênant.

6

Rachetés, on peut figurer les SIX comme des *daims*. Ceux-ci sont toujours en alerte. Ils tendent leurs oreilles au moindre son. Ils ont des naseaux très sensibles, capables de flairer une grande variété de senteurs. Ils ont la peau très souple, ce qui leur permet de secouer les mouches qui les piquent. Leurs pattes sont comme des ressorts, toujours prêtes à bondir au moindre danger, et quelques sauts gracieux leur suffisent pour se mettre hors de danger. Alors ils s'arrêtent, puis observent l'intrus. Ils sont entièrement taillés pour la survie. L'hiver, s'il n'y a plus rien à manger, ils peuvent dévorer des écorces. Une daine mourant de faim peut réabsorber un de ses deux fœtus pour assurer la vie de l'autre. Ils affrontent leurs prédateurs en groupe, et on les voit rarement seuls. De même, une fois sauvés, les SIX sont toujours en alerte, prompt à fuir le danger. Ils ont une grande habileté à survivre au milieu des difficultés, car ils tirent leur force du groupe. Découvrant que Dieu est loyal et fidèle et que leur salut ne dépend pas que d'eux, ils ont appris à vivre de façon détendue.

Leur couleur symbolique est le *beige*. Comme le beige, qui va avec tout, ils s'adaptent, où qu'ils soient. Mais bien qu'ils ne soient pas offensifs, ils ne se confondent cependant pas avec leur environnement.

7

Rachetés, on peut figurer les SEPT par le *papillon*. En dépit de leur beauté, les papillons ne sont en réalité que d'une teinte unique ; leurs couleurs viennent de la réflexion du soleil sur leurs ailes. Ils sont extrêmement légers et se posent avec délicatesse. Ils ont des trompes très particulières, adaptées au transport de pollen. Ils sont nés au terme d'une longue période terne, et il leur faut lutter pour émerger à la vie. De même, une fois sauvés, les SEPT sont arrivés à reconnaître que la beauté dont ils rayonnent ne vient pas d'eux, mais est reflet de la présence de Dieu telle qu'elle se manifeste dans les peines et les joies de la vie. Ils savent que Dieu les voit et prend soin d'eux quand tout va mal, et ils y trouvent une raison d'espérer.

Le couleur symbolique est le *vert*, celle de la vitalité et de la vie.

8

Rachetés, on peut figurer les HUIT par le tigre. Cet animal reste rare dans le monde. Il est très grand, mais en dépit de sa taille et de sa puissance, il se camoufle. Il marche avec soin, attendant le bon moment pour foncer. Il est capable d'attraper des proies très grosses, et il choisit très soigneusement sa nourriture. Il aime nager et il se trouve chez lui dans des environnements très divers, dans la neige aussi bien que sous les tropiques. Il se montre fidèle dans son couple, et il aime jouer avec ses petits. Ainsi les HUIT, une fois rachetés, sont-ils beaux et puissants. Ils étalent moins leur force. Ils se montrent loyaux envers leur famille, leurs amis, et ils font preuve de sensibilité à l'égard des autres. Ils sont capables de jouer comme des enfants. Ayant reconnu le règne de la justice divine, ils peuvent s'accepter tels qu'ils sont. Ils peuvent se sentir partout chez eux. Ils ont de la force, mais ils peuvent attendre le bon moment pour en faire preuve.

Ils ont deux couleurs symboliques : le *noir* et le *blanc*, les deux extrêmes. Ce sont des personnes tout d'une pièce.

9

Rachetés, on peut figurer les NEUF comme des *dauphins*. Ces mammifères sont contradictoires, donc très vulnérables : ce sont des « poissons » qui respirent à l'air libre. Ils nagent régulièrement et vite. Ils regardent avec intelligence, et ils aiment apprendre. Ils restent constamment en communication les uns avec les autres. Connus comme pacificateurs des mers, ils écartent les requins des baigneurs. Tout comme eux, les NEUF ont une grande capacité de se détendre et de prendre les choses comme elles sont, parce qu'ils en ont découvert la valeur. Ils aiment se joindre à un groupe pour prendre part à sa vie. Partout où ils passent, ils mettent la paix.

Leur couleur symbolique est l'*or* ou le *safran*. Le safran est ce jaune doré dont s'habillent les moines bouddhistes. C'est une teinte qui indique la paix et le calme. L'or est un métal très précieux. On le trouve dans les profondeurs de la terre, et il est difficile à extraire. Les NEUF pourront être surpris par cette comparaison, car ils ne s'estiment pas pour grand-chose. Mais, ayant découvert à travers l'amour de Dieu qu'ils sont doués et qu'on peut les aimer, ils peuvent se comprendre eux-mêmes comme don de Dieu au monde.

Épilogue

On raconte cette histoire d'une jeune fille zoulou qui vivait dans un village où toutes les jeunes filles en âge de se marier portaient un collier. Mais le sien était différent, beaucoup plus beau que celui des autres. Du coup, les autres étaient jalouses d'elle. Un jour, tandis qu'elle se promenait le long de la rivière, ses compagnes lui racontèrent qu'elles avaient jeté leur collier dans l'eau en hommage au dieu du fleuve et qu'elle devait faire le même sacrifice. Aussi finit-elle par ôter son collier et par le lancer dans la rivière. Les autres se mirent à rire, tirèrent leur collier de leur poche et s'enfuirent. Très triste, la jeune fille continua sa route au long du cours d'eau. Mais voici qu'elle entendit soudain une voix qui lui criait : « Saute. » Ce qu'elle fit sur-le-champ. Nageant au fond de la rivière, elle entra dans une grotte où se trouvait une vieille femme qui avait été très blessée par la vie. Cette femme lui dit : « Embrasse mes plaies et mes cicatrices. » Dès que la jeune fille l'eut fait, la femme fut complètement guérie, et elle retrouva jeunesse et beauté. Elle dit alors à la jeune fille : « Puisque tu as fait cela, je vais te rendre invisible aux démons, de sorte qu'ils ne pourront plus te faire de mal. » A ce moment même la jeune fille entendit la voix d'un démon qui disait : « Je sens la chair fraîche ; je sens la chair fraîche. » Mais il ne pouvait voir où elle était, et il s'en alla. La femme donna alors un nouveau collier à la jeune fille, encore plus beau que celui qu'elle avait perdu.

La jeune fille revint au village. Quand les autres la virent, elles en furent fort surprises et lui demandèrent où elle avait trouvé son beau collier. Elle leur raconta comment, après les avoir quittées, elle se promenait seule, le long de la rivière, et comme elle avait entendu une voix lui crier : « Saute. » Elle expliqua qu'elle avait sauté sur-le-champ, et qu'elle avait trouvé une grotte où elle avait rencontré la vieille femme qui lui avait donné son collier. Les autres filles lui demandèrent à quel endroit c'était exactement, et elle le leur dit. Elles s'y précipitèrent toutes, trouvèrent la grotte et y rencontrèrent la vieille femme si blessée par la vie. Elle leur demanda d'embrasser ses plaies et ses cicatrices pour la guérir. Mais, à cette vue, les filles n'éprouvèrent que dégoût et refusèrent. A ce moment, elles entendirent soudain la voix d'un démon qui rôdait : « Ça sent la chair fraîche... Ça sent la chair fraîche. » Et comme elles étaient restées parfaitement visibles, il les dévora toutes.

Entreprendre l'étude de l'ennéagramme pour y trouver une lumière sur soi, c'est prendre le risque de cette fille zoulou jetant son collier préféré dans la rivière. Cela revient à se défaire de quelque chose qu'on considère comme très important, en quoi on met sa fierté et sa dignité. C'est le début d'un voyage solitaire au centre de soi-même, et il conduit à se rappeler les blessures passées, en particulier celles que l'on a reçues lors de cette période vulnérable qu'est l'enfance ; car ce fut à ce moment que se forma le type de personnalité, en réaction aux déceptions et aux négligences ressenties de la part des autres. Ces blessures restent encore présentes. Ils faut s'en accommoder, ainsi que de toutes leurs conséquences dans l'existence. Mais on a le pouvoir de les guérir en se les rappelant et en les considérant avec une attitude de compassion et de pardon, en les embrassant en quelque sorte. Cette façon de se « désarmer le cœur » peut si bien effacer les plaies que la personne peut désormais aller de l'avant avec une fierté et une confiance jusque-là inconnues, fondées sur un sentiment de liberté lumineuse qui vient l'arracher à la face sombre de son être. En conséquence, on ne craint plus d'être dévoré par ce côté sombre. La compulsion fait toujours sentir sa présence, mais on sait désormais lui échapper.

Table

Achevé d'imprimer le 5 novembre 1996
dans les ateliers de Normandie Roto Impression s.a. à Lonrai (Orne)
pour le compte des Éditions Desclée de Brouwer
Dépôt légal : novembre 1996 – N° d'impression : 962237
7e édition – 13e mille

Imprimé en France